MÉMOIRE

SUR

L'ANTIQUITÉ

DES PEUPLES

DE BAYEUX.

Imprimerie de C. GROULT,
Imprimeur-libraire, rue de la Maîtrise, n°. 17, a Bayeux.

MÉMOIRE

SUR

L'ANTIQUITÉ

DES PEUPLES

DE BAYEUX,

PAR M. MANGON DE LA LANDE,

MEMBRE DE L'ACADÉMIE ROYALE DES SCIENCES DE CAEN, DE PLUSIEURS AUTRES ACADÉMIES ET SOCIÉTÉS SAVANTES, DE LA SOCIÉTÉ DES ANTIQUAIRES DE NORMANDIE, DE CELLE D'ÉCOSSE, DE LA SOCIÉTÉ ROYALE DES ANTIQUAIRES DE FRANCE.

A BAYEUX,

IMPRIMERIE DE C. GROULT.

1832.

Nota. Les notes finales sont indiquées par des *lettres majuscules*.

MÉMOIRE

SUR

L'ANTIQUITÉ

des Peuples

DE BAYEUX.

« Nous n'aurons jamais une bonne histoire » nationale tant que les spécialités dominantes, » les monographies capitales n'auront pas été » traitées d'abord avec une pleine connais- » sance des choses qui donnent à chaque fait » marquant son lieu, son époque et sa couleur » native. »

A cette pensée si juste d'un savant contemporain (1), j'ajouterai que, pour travailler à notre propre histoire, il faut commencer nos

(1) M. Champollion.

recherches par tout ce qui peut lui servir de base ; qu'il faut, par une critique raisonnée, rétablir le véritable nom des peuples, la dénomination exacte des cités et des villes, et leur position géographique, en remontant, le plus possible, vers l'origine que nous ont fait connaître les plus anciens auteurs, les historiens les plus sûrs et les plus judicieux.

Jusqu'à présent mes divers essais ont tendu vers ce but; et, dussé-je errer quelquefois, j'y marcherai toujours, n'obéissant qu'à ma conviction et soutenu par l'amour de la vérité. Puissé-je y trouver l'occasion, et je ne la laisserai pas échapper, de venger la mémoire de nos valeureux Gaulois, de faire ressortir leur amour pour l'indépendance nationale, de relever enfin à nos propres yeux la grandeur et la gloire de cette vieille nation qu'un sage Druide appelait *la mère de presque tous les peuples, nation que la terre seule a produite* (1)!

C'est vers cette nation célèbre que nous allons entreprendre de remonter. Heureux, si nous rencontrons quelques débris, si nous trouvons quelques vestiges, si nous pouvons recueillir

---

(1) Voyage de Pythag. T. V. p. 155. — Cés. Comment. Lib. V. a dit aussi : *Galli se omnes à Dite patre prognatos prædicant.* (*Dis*, Pluton ou la *terre.*)

quelques faits qui viennent fixer nos idées sur les mœurs, les usages, le gouvernement et la religion de nos pères ! . . Mais il faut, je crois, nous résigner ; il faut nous attendre à n'avoir pour guides que des fragmens d'histoire, et encore d'une histoire tardive, d'autant plus suspecte qu'elle a été écrite, nous pouvons le dire, par des ennemis naturellement jaloux et évidemment envieux de la puissance, de la richesse de la nation gauloise, en même temps que du grand caractère et des mœurs simples de ses peuples.

Nous ne serons pas plus heureux, peut-être, lorsque nous serons forcés de recourir à la tradition : elle a traversé tant de siècles ! Et quant aux monumens, nous n'aurons à consulter que nos éternelles pierres brutes ; encore sont-elles éparses çà et là ; très-peu connues d'ailleurs, encore moins étudiées, et, oserais-je le dire, presqu'oubliées ou méprisées.

Voyez cependant avec quel soin on rassemble des monumens qui nous sont étrangers ! Quels frais énormes pour faire arriver des contrées les plus éloignées et réunir, dans un nouveau Musée, les nombreux débris qui viennent nous donner une idée des arts chez les Egyptiens, et nous apprendre la grandeur de ce peuple, ses sciences acquises et sa vieille civilisation !

A la vue de ces antiques débris, nous vieillissons de tous leurs siècles, nous remontons vers le berceau du genre humain ; notre imagination s'agrandit et s'étonne ; nous réfléchissons ! . . . mais nous n'espérons pas, à leur aide, recomposer une histoire ; et si la chose même devenait possible, cette histoire, toute intéressante qu'elle serait sans doute, encore ne serait-elle pas la nôtre ! . . Pourquoi donc ne pas nous attacher à celle-ci avec autant de curiosité et avec plus de persévérance ? . . Peut-être qu'alors appuyés sur des restes de monumens ou matériels ou littéraires ; peut-être qu'aidés par des souvenirs, par des usages traditionnels, nous pourrions du moins présenter aussi nos antiquités et en reculer les dates au-delà du berceau de tant de peuples qu'on a fait passer pour nos instituteurs ; peut-être même nos antiquités, relevées de toute leur importance primitive, ne paraîtraient-elles ni moins respectables ni moins faites pour exciter notre admiration. En effet, si nos pierres brutes et colossales ne s'offrent pas aux yeux sous des dehors aussi expressifs, aussi gracieux que des inscriptions et des statues, elles ne sont pas moins imposantes ; elles ne caractérisent pas moins le génie de la nation qui a su les arracher du sein des montagnes ou des carrières, conduire leurs masses énormes à de longues distances, et les implanter profondément dans le sol pour leur faire braver les siècles et redire sa force et ses hautes-pensées aux générations et aux puissances qui devaient lui succéder.

Et lorsque je dis que nous pourrions aussi montrer nos antiquités, c'est qu'en les recherchant dans toutes les parties des Gaules, nous pourrions en rencontrer d'assez imposantes pour les montrer avec orgueil et les présenter comme antérieures même à celles de l'antique Egypte.

Cette opinion, toute présomptueuse qu'elle peut paraître, j'aime à m'y arrêter; car je pense que s'il en était autrement, nous retrouverions aussi les débris de nos temples gaulois, les fragmens de nos statues et de nos inscriptions. Mais rien de tout cela n'existait lorsque la grande nation Celtique, devenue trop populeuse, a colonisé des terres long-temps inhabitées ou inconnues.

J'ai vu de ces premiers monumens érigés par nos pères; j'ai vu de ces *pierres levées*, de ces *men-hirs*, de ces *dolmens*, de ces *cromlechs*, de ces *cercles druidiques*, de ces *obélisques bruts*; ils semblaient me dire : reconnais le type des premiers monumens humains! Ceux qui nous ont implantés ici étaient, depuis des siècles, dans l'éternelle nuit, à l'époque rapprochée de toi où les principes de l'architecture, de la sculpture, de l'astronomie, de l'écriture ont été introduits dans la savante Egypte : ses pyramides ne sont que les filles de nos Peulvans ! . . Si nous avions succédé aux Égyptiens, nous les aurions étudiés et imités; nous aurions fait mieux qu'eux; nous aurions fait ce qu'ont fait les Grecs, qui sont venus après eux; ce qu'ont fait les Romains qui ont hérité des connaissances, des arts, des talens et du goût des Hellènes; mais, NOUS, aînés de ces antiques nations, nous les avons vues se coloniser; nos peuplades, trop nombreuses, sont allées habiter et fertiliser de nouveaux pays. Les hommes alors étaient encore près de la nature, et les arts n'étaient pas encore ! . .

A ces mots : les arts n'étaient pas encore ! . qui ne reculerait devant la pensée d'aller rechercher une origine perdue dans la nuit des temps? . . Aussi n'est-ce pas ce voile épais que je vais essayer de soulever. J'oserai seulement aborder des époques plus rapprochées de l'état de civilisation chez d'autres peuples, parce que les Gaulois eux-mêmes, qui avaient porté leurs armes chez ces peuples, devaient en avoir rapporté des idées nouvelles sur les religions en général, sur la législation, la justice et la politique, et que dès-lors ils ont pu laisser après eux, vers ces temps, quelques notions plus précises sur leurs pratiques religieuses, leurs dogmes, leurs mœurs et leur gouvernement. Je ne chercherai donc pas à remonter beaucoup au-delà de l'invasion romaine par Jules-César : d'abord, parce qu'avant l'histoire de la guerre des Gaules par ce conquérant, rien n'a été écrit sur notre propre histoire, et que conséquemment, sous ces divers rapports, il est peu sage de puiser ailleurs que dans ce premier de nos monumens littéraires, monument dans lequel ont puisé tous les historiens et les géographes qui sont venus depuis, et qui, dans cent passages, ont altéré le texte ou la pensée de l'auteur, ont défiguré ses plans, confondu ou corrompu les noms des peuplades et des cités que, seul et d'abord, il a pu nous faire bien connaître.

Dans la question, par exemple, dont je vais m'occuper, la plupart des historiens, même du pays, n'ont nullement cherché à s'assurer quels étaient les peuples *Bellocassi* si précisément placés par César dans leurs contrées ; loin de là et sans examen, ils ont donné aux peuples de Bayeux les noms successifs de *Badiocasses*, *Vadicasses*, *Baiocasses* et *Bajocenses*, dernière dénomination latine qui leur est attribuée et qu'on trouve, à regret, jusques sur le monument (1) qui aurait dû la renier, comme un barbarisme du moyen âge, pour nous conserver le nom historique qui appartient aujourd'hui, non pas seulement aux habitans de Bayeux, mais à ceux de Caen et des autres communes de l'antique cité dont les arrondissemens embrassent la plus grande partie du département du Calvados. Et n'était-ce pas dans les immortels Commentaires qu'il fallait aller étudier une aussi haute origine? N'est-ce pas César qui, le premier, nous a parlé des peuples de Bayeux?.. N'est-ce pas lui qui, dès le moment de son invasion dans les Gaules, les trouva constitués en corps de nation, et nous les fit connaître positivement sous le nom originaire de *Bellocassi*, en déterminant leur contingent dans les deux cent quarante huit mille combattans que les états des Gaules mirent sur pied et firent marcher contre les Romains au trop malheureux siége d'Alise?

(1) Au-dessus de la porte du collége de Bayeux, on lit : *Collegium Bajocense*.

Voici le passage des Commentaires : « *Dùm*
» *hœc ad Alesiam geruntur, Galli, concilio prin-*
» *cipum edicto, non omnes qui arma ferre pos-*
» *sent, ut censuit Vercingentorix, convocandos*
» *statuunt, sed certum numerum cuique civitati*
» *imperandum.... imperant Æduis millia XXV,*
» *Bellovacis X. Bellocassis, Lexoviis, Aulercis*
» *Eburonibus terna millia* (1). »

Ce passage est précieux à saisir et à commenter, il est fait pour apaiser tous les doutes. En exprimant que les peuples de *Bayeux*, de *Lisieux* et d'*Évreux* eurent à fournir chacun 3,000 hommes, il nous apprend que chacune de ces trois nations aurait pu fournir un plus grand nombre d'hommes d'armes; il nous force de remarquer que ces trois nations sont contiguës par leurs frontières, et que l'histoire les classe dans une même région, dans une même catégorie; enfin, il s'y rattache naturellement ce souvenir, que chacune d'elles eut pour chef-lieu de cité une ville épiscopale des primitives organisations. Or, il est avéré que la division des peuplades opérée par les Romains dans les Gaules, a été suivie, lors de l'établissement du christianisme, pour la fondation et la circonscription des diocèses. Si donc cet

(1) Cæs. Comment. Lib. VII. §. 75.

ordre de choses, que les siècles ont vu se perpétuer, a servi de preuves dans une foule de dissertations que nous devons à la plume et aux judicieuses observations de nos plus savans académiciens, pourquoi ne viendrait-il pas aujourd'hui à notre secours ? . . Pourquoi ne viendrait-il pas servir d'appui à nos recherches, à nos conjectures et aux plus graves autorités?

Si je parle d'autorités, c'est qu'il ne nous en manque pas qui, quoique sans critique, mais appuyées sur l'évidence et sur la tradition, aient dit et affirmé, long-temps avant nous, que ce sont les peuples de Bayeux que César a désignés sous le nom de *Bellocassi*, peuples qu'il a accolés immédiatement aux *Lexovii*, comme nous l'avons vu. Et, parmi ces autorités, nous devons nommer en première ligne le docte et profond Marlianus; Marlianus qui a certainement le mieux compris César, et qui par les savans eux-mêmes fut appelé *Vir clarissimus et sui temporis eruditissimus* : or, dans sa *Veterum Galliæ locorum, populorum, urbium Descriptio*, voici comment il s'exprime : « *Bellocassi, populi inter Celtas, proximi Lexoviis, quos opinio est esse Baiocenses. Eorum civitas est episcopalis in provinciâ Rotomagensi, ducatu Normaniæ, et Regno Francorum sita.* »

Après lui vient Glareanus qui, dans ses *annotations sur les Commentaires de César*, et conséquent avec lui-même et avec son auteur, appuie fortement sur le rapprochement des trois peuples dans une même catégorie pour le contingent des trois mille hommes que chacun d'eux eut à fournir : peuples, je le répète, que l'on rencontre sur une même ligne de l'Ouest à l'Est, et dont les métropoles se trouvent à une égale distance de dix-huit lieues l'une de l'autre; toutes trois, comme je l'ai déjà dit, devenues chef-lieux d'évêchés lors des premières circonscriptions diocésaines.

Ortélius lui-même, malgré les incertitudes où l'a jeté la corruption et la confusion des noms, ainsi qu'on le voit sur sa carte, n'hésite pas, dans son *Nomenclator geographicus*, de donner la définition suivante :

« *Bellocasses*, *Velocasses*, *Baiocasses*, le
» pays de Bayeux en Normandie : *Urbs epis-*
» *copalis eorum Noviomagus*, la ville de Bayeux.»

Et, dans un autre article, après avoir démontré les doutes et les divagations de quelques géographes, s'appuyant, à son tour, sur Marlianus, comme le seul dont l'opinion soit basée sur un examen sérieux, il ajoute :

« *Marlianus verò distinguit, et Bellocasses Cel-*

» *tas ait, eos qui hodiè Baiocenses : Velocasses*
» *autem Belgas.* »

Je n'ignore pas que plusieurs écrivains, s'appuyant sur Pline et sur Ptolémée, se sont servi de diverses dénominations latines pour désigner les peuples du Bessin. Mais que nous importent des dénominations données sans critique, dénominations que ces auteurs ont pu tronquer ou altérer sans intention comme sans intérêt? César seul, je le répète, et ceux qui l'ont commenté avec réflexion, peuvent exclusivement nous servir de guides; sans eux, du moins, tout pour moi serait remis en question.

Au surplus, je ne prétends pas que mon opinion, dans ces temps modernes, soit une opinion nouvelle et isolée; quelques auteurs, avec plus ou moins de recherche, ont émis les mêmes idées que je présente; seulement je les discute, ce qu'ils n'ont pas fait, et je les discute avec le désir de les fixer.

Voyons d'abord le vieux de Bras (1) : il ne nomme point les peuples de Bayeux autrement que *Bellocassi*; et même, avec les singuliers rébus en usage de son temps, il ose les qualifier de *quasi Bellocassati.*

Vient ensuite Orderic Vital, lequel au livre V

---

(1) Recherches et antiquités de la province de Neustrie, liv. 1. p. 58. Et liv. 2 p. 3.

de son histoire, s'exprime ainsi : « *Rothomago sex urbes subjacent, Bellocassium, communè Bedocassium, vel Bidocassium, id est Bajoca.* »

C'est aussi le cas, et on ne m'en saura pas mauvais gré, de reproduire ici quelques vers du 16e. siècle, vers tirés du *Miroir d'Eternité*, de Robert le Roquez, de Carentan, vers que nous a conservés M. Pluquet dans son intéressant *Essai historique sur Bayeux*; non pas que j'applaudisse à l'étymologie toute fabuleuse du poëte; mais parce que le fond de sa pensée se rapporte à l'exacte dénomination donnée par César :

« Ainsi qu'un jour *Bélus* estait sur mer
» entre les flots, quasy prest d'asbymer
» et qu'il taschait de se renger à bort,
» il vint surgir vers les parties du North
» ès environs de la basse Neustrie
» où fit bastir, d'une grande industrie,
» un fort chasteau qui, d'ancien renom,
» de *Belocase* a retenu le nom,
» où de Bayeux est la ville fondée,
» pour le jourd'hui fort bien accomodée:
» car *Belocase*, en termes résolus,
» nous signifie la maison de Bélus. »

Au surplus, cette vieille poésie n'est en quelque sorte que la copie ou la répétition du passage suivant qui nous reproduit, au moins dans sa phrase finale, la véritable version de César :

« Quelques-uns tiennent que Bayeux prend » son nom de Bélus, 2.e roi de Babylone, le- » quel est venu surgir vers les parties du North » de la basse Normandie, là où il fonda ceste » ville, appelée de son nom *Belocase*, comme » qui dirait *Beli Casa*, c'est-à-dire la maison » de Bélus : comme aussi ce peuple est nom- » mé Bellocassi (1). »

Nous trouvons la même dénomination conservée au plus ancien plan peut-être de la ville de Bayeux, plan où se lisent ces mots : *Bellocassis à Cœsare* (2).

Enfin, arrive André Duchesne qui, dans ses *Antiquités des villes*, nous dit : « Bayeux, ville » fort antique, et que l'on peut nommer en » latin *Bellocassium*, puisque César en appelle » les habitans *Bellocassos* au livre VII. de ses » Commentaires, où il les range avec les *Lexoviens* et les *Eburoniens*, sous les enseignes et » drapeaux de Vercingentorix, en la révolte » des Gaules. »

Telles sont les opinions, dans le même sens, qui se sont, autant dire, offertes à nous ; et

(1) Description de la France, par Desrues, p. 195.

(2) M. Pluquet est possesseur de ce plan.

je n'en connais point qui aient fourni de preuves contraires (A).

Après cela, je ne vois pas que les peuples du Bessin, que les *Baiocenses* de nos jours aient intérêt à récuser César et les autorités que nous avons invoquées. Du moins ils auraient tort de le faire, car ils méconnaîtraient leur premier titre authentique, le seul qui leur donne *historiquement* une existence antérieure à l'invasion romaine et une consistance acquise au sein même des autres nations de la Celtique; titre surtout qui honore leur caractère, en leur faisant prendre rang dans la LIGUE sacrée qui s'arma pour la défense et l'indépendance de la patrie; titre, enfin, qui vient appuyer les plus anciennes traditions sur l'existence dans leur métropole, à Bayeux même, des établissemens druidiques, long-temps avant la conquête des Gaules par Jules-César.

Maintenant que nous venons d'établir notre première proposition, en retrouvant les *Bellocassi* en corps de peuple, et de déterminer leur position, nous avons un point de départ fixe, soit pour remonter vers les Gaulois, alors qu'ils étaient encore les maîtres chez eux, soit pour descendre vers les Romains qui sont venus les soumettre à leurs lois et leur imposer des dieux étrangers.

Commençons par le mouvement ascendant, et voyons jusqu'où nous pourrons être conduits avec quelque certitude dans le dédale d'une histoire à peu près inconnue.

D'abord, César arrive en conquérant dans les Gaules; il y vient, dit-on, chercher de l'or, des blés et des vivres de toute espèce; il y vient venger une ancienne querelle de nation à nation, et reconquérir la gloire militaire que nos Gaulois avaient été ravir aux Romains jusques dans Rome. Ce qui conduit naturellement à cette réflexion : que ce n'était donc pas un peuple si neuf et si barbare, ce peuple gaulois qui, 392 ans avant notre ère, entra en vainqueur dans Rome, campa au pied du Capitole, y séjourna sept mois entiers, et, après le *vœ victis*, en rapporta d'immenses trésors sous l'épée de *Brennus* (B); qui, plus tard, porta ses armes victorieuses en Asie, s'empara des richesses du plus fameux temple de la Grèce, et ne quitta ce pays que chargé de l'or de Philippe.

Ah! pourquoi les chefs de ces mêmes Gaulois, si grands et si valeureux, avaient-ils adopté une forme de gouvernement telle que toutes les connaissances acquises se renfermaient dans un cercle étroit de prêtres et d'initiés qui ne laissaient rien écrire, pas même les traits les plus honorables de leur histoire! Au lieu de quelques pages brillantes que nous a léguées César, nous pourrions étudier les annales, les mœurs et le caractère de nos ancêtres, et voir ces derniers sous une couleur probablement bien différente de celle que leur a donnée un général ennemi qui raconte ses victoires, qui veut en rehausser l'éclat, et consolider sa domination en introduisant chez un peuple soumis par la force, les institutions, les lois et la religion de son pays.

Mais continuons : César parcourt les Gaules; il en reconnaît la position, l'étendue et les diverses nations qui les composent. Au moment d'une révolte contre la puissance de ses armes, il fait le dénombrement des peuples qui se soulèvent pour reconquérir leur indépendance. Parmi ces peuples, il distingue les *Bellocassi*, peuple assez puissant pour fournir trois mille combattans dans la confédération générale. Ce peuple, ces mêmes *Bellocassi* avaient donc une consistance; ils vivaient donc sous des lois conventionnelles et particulières, sous un gouvernement à eux, comme vivaient les nombreuses et diverses peuplades gauloises : enfin ces *Bellocassi* avaient donc des institutions!.. C'est en effet ce que nous allons retrouver sur les bords de la rivière d'Aure et sur le mont principal qui l'avoisine, vers le 3.e degré de longitude occidentale et le 49.e de latitude septentrionale, position actuelle de la ville de Bayeux, chef-lieu d'une sous-préfecture et de l'évêché du département du Calvados.

C'est là, sur un monticule qui a conservé le nom de *mont Phaunus* (1), mont qui était couvert d'une épaisse forêt appelée *la Chênaie;* c'est là, dis-je, qu'a existé l'un de ces colléges de Druides qui desservaient un sanctuaire consacré à *Belenus,* le soleil des Celtes (1). Voilà du moins ce que nous assure une tradition non interrompue; ce sur quoi une foule d'auteurs sont tombés d'accord; ce que nous retrouvons constaté jusques dans l'Encyclopédie, article *Philosophie,* vol. 1.er in-4°. pag. 675, où nous lisons ces mots:

« Il est constant que le soleil était servi sous
» le nom de *Belenus,* non-seulement par les
» *Noriciens* établis autour d'Aquilée, mais en-
» core par les Gaulois qui demeuraient dans
» le diocèse de *Bayeux*, et par ceux de l'Armo-
» rique qui est la Bretagne d'aujourd'hui. »

C'est surtout ce qu'un monument littéraire du 4.e siècle nous a conservé. Ce monument

---

(1) Phaunus ou Faunus, du mot latin *Fanum*, ou du celtique *Fan*, *Fanoun*, Temple.

(2) En celtique *Bal*, Soleil, d'où *Bel*, *Belen*, *Belenus*.

est l'œuvre du célèbre AUSONE, qui, de précepteur qu'il était de l'empereur Gratien, devint successivement Questeur, Préfet du Prétoire et Consul romain.

Le témoignage d'un tel homme, écrivant sous l'influence romaine, est d'un poids d'autant plus important que l'on sait tout ce que les Romains ont employé d'efforts, de violence, de persévérance et d'adresse pour dénaturer d'abord la religion druidique dans les Gaules, pour la renverser ensuite, pour en faire disparaître les traces et en effacer presque le souvenir.

Et cependant c'est Ausone, ce poëte gallo-romain, qui, dans ses *Éloges des professeurs de Bordeaux*, dit, en s'adressant au savant *Patera*: toi qui naquis à *Bayeux*, de la race des Druides, et qui tires ton origine sacrée du temple de Belenus :

« Tu *Bagocassis* stirpe Druidarum satus,
» Beleni sacratum ducis è templo genus. »

(Ausonii Profess. 4.)

Telle est l'antique autorité qu'il nous est permis d'invoquer et sur laquelle j'aurai occasion de revenir; mais ce que je dois faire remarquer, c'est qu'Ausone, en appliquant le mot *templum* à la religion des Druides, n'a parlé nécessairement que de ce qu'il a connu, c'est-à-dire du druidisme modifié sous les Romains, et non de cette religion primitive qui, bien des siècles avant notre ère, n'admettait *qu'une seule divinité qu'aucune image ne pouvait rendre et qu'aucune enceinte ne pouvait renfermer.*

« Nous ne reconnaissons, disait un jour un » Druide à Pythagore, nous ne publions qu'une » seule divinité qui est partout, puisqu'elle est » TOUT. Nous n'empêchons pas le vulgaire de » déifier les élémens, d'adorer le dieu des fon- » taines, celui des bocages; nous laissons croire » qu'il y a une déité dans le soleil, dans la nuit, » dans les entrailles des montagnes, dans le » fond des mers : le peuple dont la vue ne porte » pas loin, rend un culte de détail à ce que » nous admirons dans l'ensemble. La lune, » le soleil, un beau chêne, un fleuve, c'est » encore la nature notre unique divinité qui » remplit tout l'espace, qui est présente en » tous lieux à-la-fois. Aucune image ne peut » rendre une telle divinité. C'est pourquoi on » ne trouve dans toute la Celtique ni *temple*, » ni statues (1). »

D'après de tels principes, il est évident qu'Ausone n'a pu et n'a voulu parler que d'un

(1) Voyag. de Pythag. T. V. p. 199.

temps où les Druides ne devaient plus être qu'une ombre, autant dire, de ce qu'ils avaient été; que d'un temps où leur culte extérieur était totalement changé, quoiqu'ayant, selon toute probabilité, conservé les principaux erremens de leur dogme dans ce qu'ils appelaient leurs mystères.

De notre côté, nous continuerons à penser que, par le nom du Dieu qu'ils servaient, les Druides n'ont jamais entendu autre chose que l'attribut de leur grande divinité, seule et unique créatrice et modératrice de l'univers, et nous dirons avec Seldenus (1) : « *Mysticè docebant* » *unicam esse supremam omnium causam, uni-* » *cum orbis moderatorem in innumeris illis cultum.* »

D'aussi sages doctrines seraient bien faites pour donner le désir de pénétrer plus avant dans le système religieux de nos pères, d'en exposer la morale et les principes si souvent attaqués, dénaturés et méconnus; mais il n'entre pas dans le cadre que nous nous sommes tracé, de rechercher et de faire apprécier les hautes pensées de la théologie et de la philosophie des Celtes. Tout importante, tout intéressante que serait cette partie de leur histoire, tout jaloux que nous serions de démontrer qu'ils ont

(1) In Proleg. Cap. 3.

eu des idées plus justes et plus saines de la divinité que les Romains, que les Grecs même, qui se regardaient comme *les plus éclairés et les plus sages des hommes*, nous sommes forcés de laisser à d'autres une si belle cause à défendre, et nous renvoyons avec confiance le lecteur à l'excellent ouvrage de M. Roland de Croissy, et à l'histoire des Celtes par le savant Pelloutier.

Seulement, pour appuyer les réflexions qui précèdent, nous essaierons d'expliquer la pensée de César, lorsqu'il a dit que : « Les Gaulois » adoraient surtout Mercure, et, après lui, » Apollon, Mars, Jupiter et Minerve, et qu'ils » avaient *à peu près* le même sentiment sur le » sujet de ces divinités, que les autres peuples. »

Ici, l'*à peu près* de César doit être interprété dans son sens le plus rigoureux : il est avéré, autant que possible, que les Celtes rendaient un culte religieux à des dieux, ou visibles ou spirituels, qu'ils considéraient comme les divers attributs de *la divinité*, c'est-à-dire, 1.° à ce que les philosophes ont appelé les élémens : au feu, à l'eau, à l'air et à la terre; 2.° à toutes les autres parties du monde visible : au soleil, à la lune, aux astres, aux arbres, aux forêts, aux fleuves, aux fontaines, aux pierres, aux rochers; 3.° à ce qui résulte de la combinaison ou du combat des élémens, comme sont les vents, la foudre et les tempêtes.

Voilà ce que César, dans son langage mythologique, appelait Mercure, Apollon, Jupiter, etc., et lorsqu'il a ajouté : *surtout MERCURE* (*præcipuè Mercurium colunt*), c'est que la multiplicité des amas de pierres qu'il rencontra partout dans la Gaule, et qui tenaient au culte des Gaulois, lui fit supposer que le *TEUT* celtique était le même que le Thot ou l'Hermès des Grecs. Et ce qui n'est pas indifférent à remarquer, c'est que le Mercure regardé par César comme le principal dieu des Gaulois, n'était point regardé comme tel par une loi même de son pays. En effet, une loi romaine a dit que le grand dieu des peuples de la Gaule était Mars: *sicuti Martem in Galliâ.* (1)

Il est facile, au surplus, d'accorder les contradictions de César avec l'expression même des lois, lorsqu'on se donne la peine de raisonner sur le systême religieux des Celtes : c'est que les noms étrangers de Mercure et de Mars désignaient pour eux le même dieu; c'est-à-dire que le TEUT celtique exprimait TOUT; qu'il était en même temps le Dieu des arts et du commerce, celui de la guerre, etc.

---

(1) Corpuscul. juris, et in Cujac op. t. 1, p. 267.

On voit que la pensée de César demandait un commentaire, pour ne pas laisser égarer l'opinion, ou pour la diriger ou la maintenir dans la voie de la vérité. En effet, l'historien romain n'a certainement point été, et n'a probablement jamais cherché à être initié aux mystères et dans les dogmes secrets des Druides; il n'a pu qu'en saisir les pratiques extérieures; et, pour donner en passant et très-subsidiairement une idée de la religion des Gaulois, il en a présenté l'analogie *approximative* avec sa religion nationale, avec la religion des autres peuples; et il s'est soustrait aux explications, au moyen de l'*à peu près* dont nous avons parlé, et qu'il a inséré adroitement dans cette phrase : *de his* (DIIS) *eamdem ferè quàm reliquæ gentes habent opinionem.* (1)

Ceci admis, nous reconnaîtrons que les principes, les doctrines et les usages religieux étaient entiers et purs encore lors de l'arrivée de César dans la Gaule; qu'ils n'ont éprouvé d'altération que pendant les premières années de la domination romaine, et que les innovations ne s'y sont introduites que lors des persécutions qui, notamment sous les règnes de Tibère et de Claude, forcèrent les Druides à transiger avec leurs propres lois, à s'accommoder aux exi-

(1) Cæs. Comment. 6. 7.

gences des dominateurs, à opérer enfin une sorte de fusion et d'amalgame qui tendaient, comme déjà nous l'avons fait entendre, à sauver, sous des emblêmes, sous des symboles et des mystères, la base essentielle de leurs dogmes. Or, c'est ce qui n'a pu réellement s'effectuer qu'en admettant quelques parcelles du polythéisme romain, qu'en revêtant d'une forme et d'un nom chacun des attributs de leur grande et unique divinité. Ainsi, à *Teut* ou à TEUTATÈS, leur grand dieu, nous voyons qu'ils ont ajouté *Hesus* comme dieu de la guerre; qu'ils ont fait figurer la terre sous le nom d'*Hera*, le soleil sous celui de *Belenus*: etc., et souvenons-nous que c'est à ce dernier qu'était érigé l'autel ou le sanctuaire du Mont Phaunus à Bayeux. (C)

C'est encore ce que l'Encyclopédie, article *Antiquités* (1), nous fait connaître par une citation plus complète d'*Ausone*, à propos du nom de *Patera* et de celui de son fils *Delphidius*. Rapportons la citation entière et les réflexions de l'Encyclopédie :

« Ausone a parlé deux fois de *Belenus* comme » d'une divinité gauloise. Dans ses *Professeurs* » *de Bordeaux*, il dit que *Patera* était de » *Bayeux*, de la race des Druides qui servaient

(1) T. 1 p. 159.

» *Belenus* dans son temple. » (4. 7.)

« *Tu Bajocassis stirpe Druidarum satus,*
Si fama non fallit fidem,
Beleni sacratum ducis è templo genus,
et indè vobis nomina:
tibi Pateræ (sic ministris nuncupant
Apollinaris mystici)
Fratri, patrique nomen à Phœbo datum:
natoque de Delphis tuo. »

Ce que nous pouvons traduire ainsi :

Toi qui naquis à Bayeux, de la race des Druides, et qui, si la tradition ne nous trompe point, tires ton origine sacrée et le nom de ta famille du temple de Belenus; ton nom Patera, (F) (ainsi s'appellent les prêtres initiés aux mystères d'Apollon), oui, ton nom, oui, le nom de ton frère et de ton père vous viennent, à tous trois, de Phœbus même; et c'est ce dieu qui a voulu que ton fils tirât son nom du nom de son fils Delphus. (G)

Remarquons bien ce mélange de noms *Druidarum*, *Beleni*, *Apollinaris*, *Phœbo*, *Delphis*; seul il peut servir à constater le changement qui s'est opéré dans la religion des Gaulois; et ce fut ce changement, insensible d'abord, qui finit par amener un bouleversement complet dans le rite et les cérémonies de cette antique, de cette imposante religion ; de cette religion qui, de grande, simple et pure qu'elle était dans son principe, alors qu'elle n'admettait que l'unité de Dieu, alors qu'elle regardait comme un sacrilége de représenter la divinité sous une forme humaine et de la renfermer dans une enceinte, finit par adopter presque toutes les pratiques superstitieuses du polythéisme ; ce qui d'ailleurs était inévitable sous une domination étrangère de quatre cents ans et plus. Depuis lors, comme les usages religieux tendent à se perpétuer, il en est resté quelques-uns que l'on n'est jamais parvenu à détruire entièrement. Il est resté surtout un souvenir traditionnel des lieux où s'étaient célébrés d'antiques mystères ; et c'est ainsi que nous sommes ramenés nous-mêmes aujourd'hui vers ce Mont *Phaunus*, où nous voudrions retrouver quelques vestiges qui fussent encore des témoins vivans du culte de nos pères.

Mais où rencontrer même les traces des monumens de cette époque, lorsque des monumens plus récens n'ont eu de durée qu'autant que l'intérêt, les passions, l'esprit de secte, de prosélytisme et de parti n'ont pas eu besoin de leurs ruines ? Aussi n'aurons-nous guère à interroger que des traditions, des noms et des probabilités.

En effet, ce Mont Phaunus, jadis couvert d'une sombre forêt, qui, sous le nom de *Chênaie*, servit à marquer la position d'un ancien établissement religieux (1), ce Mont, dis-je, qui s'étend depuis l'emplacement du pont Trubert jusqu'au hameau de *Belle-Fontaine*, n'est plus qu'un vaste champ de démolitions et de débris du moyen âge; et si deux églises y existent encore, elles ne sont qu'un faible reste de toutes celles qui le couvraient vers la fin du 18.e siècle. Cependant ne sont-ce pas des traces du druidisme que ces mêmes noms que je traçais tout-à-l'heure, ces noms de *Chênaie*, de *Belle-Fontaine* ou *Fontaine Lisleut* (2) que conservent différentes parties de notre célèbre monticule? Et quel degré de probabilité n'allons-nous pas acquérir, si nous ajoutons, comme une chose d'ailleurs assez connue, que les premiers chrétiens se sont attachés plus particulièrement à construire leurs temples sur les lieux mêmes que les cultes antérieurs avaient en quelque sorte consacrés! Or, comme nous venons de le voir, le Mont *Phaunus* fut couvert d'édifices et d'établissemens religieux dès les premiers temps du christianisme, à tel point

(1) Le prieuré de St.-Nicolas de la Chesnaye. (*Note finale D.*)

(2) Fontaine *Lisleut* ou Fontaine des *Loups*. (Dict. de Lacombe) Les *Loups*, les Loups-garoux, comme les Fées, ont le privilége d'avoir attaché leurs noms aux monumens gaulois.

qu'il prit le nom de *Mont des Eglises*, comme il avait été appelé le Mont *Chrismatis* (1), lorsqu'il fut choisi par S. Vigor, 7.e évêque de Bayeux, pour convertir et amener, par le baptême, une foule d'idolâtres à la religion du *Christ*.

Sans doute, ce ne sont point là des preuves, mais ce sont au moins des points de repères précieux à signaler, et qui viennent fortement appuyer la tradition, l'opinion des auteurs, et le monument littéraire du 4.e siècle dont j'ai rapporté les citations.

A propos de monument, il en est un plus matériel que ce dernier, et qui, debout encore, peut fortifier notre opinion; non pas que nous regardions ce monument comme celtique, mais en tirant de son existence quelques inductions qui s'accordent avec une tradition suivie, en observant que cette même tradition a cependant entraîné un peu trop loin plusieurs écrivains des temps modernes.

Il s'agit d'un reste de vieil édifice du 13.e siècle que les anciens religieux de l'abbaye de S. Vigor ont conservé dans une construction plus nouvelle, peut-être par suite de cette

(1) *Gallia Christ.* t. XI. p. 546 et 548. — Légende du Bréviaire de Séez, le 2 Août.

tradition séculaire qui lui a fait donner, quoiqu'à tort, le nom de *temple des Druides* : nom que lui conservent des chroniques contemporaines et l'opinion populaire.

Ce qu'il y a de vrai, c'est que l'espèce de ruine dont il est question est d'un aspect assez imposant, et que l'emplacement qu'elle occupe a fait naître et laisse encore de profondes impressions dans les esprits. Aujourd'hui même, on n'ôterait pas de la pensée des hommes les plus raisonnables que les premiers Chrétiens, en venant occuper, sur le Mont *Phaunus*, les lieux où les Druides avaient exercé leur culte, établi leurs écoles et leurs propres habitations, se sont emparés des débris et des matériaux de ces antiques établissemens, pour jetter les fondemens des édifices destinés à la propagation de la religion nouvelle. Aussi est-il à croire que la terre recèle encore, de nos jours, ces vieux témoins qui nous serviraient peut-être à retrouver quelque point de fait, à rétablir une vérité qui importe à l'histoire locale. Car, qu'il y ait eu des monumens druidiques à Bayeux, c'est ce qui ne fait plus une question pour nous; mais de quelle nature étaient ces monumens; quelles espèces d'établissemens ces prêtres gaulois avaient-ils formés sur les rives de l'Aure? c'est ce qu'il paraît impossible de déterminer. Ne privons cependant pas nos lecteurs de quelques opinions émises sur ce sujet. Comme ces opinions ne sont pas exclusivement à nous, nous ne devons pas les soustraire à la publicité et, surtout, à d'utiles réflexions. Citons d'abord ce passage :

« La circonstance marquée par César, que » les Druides se rendaient exactement tous les » ans dans un lieu consacré du pays chartrain, » pour y tenir des plaids généraux, parce que » ce lieu passait pour être le centre des Gaules, » insinue assez clairement que les Druides ne » venaient pas dans le chartrain seulement du » pays des Amnites et du canton de *Bayeux*, » mais qu'ils s'y assemblaient aussi *de toutes les* » *cités où ils avaient des colléges*, où ils exer» çaient la médecine, où ils prononçaient sur » les débats et les intérêts particuliers, où ils » offraient des sacrifices, où ils aidaient les » magistrats de leurs conseils, etc. (1) »

Citons ensuite ce qu'a écrit Beziers, en 1773, dans son *Histoire sommaire de Bayeux*, histoire écrite avec une bonne foi remarquable, et qui fut le produit de longues et judicieuses recherches, dans lesquelles nos écrivains con-

(1) Origines celtiques et gauloises par D. Jacq. Martin, p. 132. Paris, 1744.

temporains puisent tous les jours encore :

« On ne peut pas douter, dit-il, que les » habitans de Bayeux ne cultivassent les beaux » arts, etc. Ce goût pour les belles connais- » sances avait été puisé, sans doute, à *l'école* » *que les Druides y avaient*. C'est là vraisem- » blablement que fut élevé *Titus Sennius Sol-* » *lemnis*, ce grand-prêtre si estimé des officiers » de l'empire. C'est de là que furent tirés *Altius* » *Patera* et *Phœbitius* (E), pour aller enseigner » la grammaire et les lettres à Bordeaux. *Patera*, » l'un des plus habiles et des plus honnêtes gens » de son temps, passa depuis à Rome, où il » enseigna la rhétorique, vers l'an 326. Au- » sone, si connaisseur en mérite, en a laissé » un magnifique éloge : le portrait qu'il en fait » est bien capable d'honorer *l'école des Druides* » *de Bayeux*, si, comme il y a apparence, les » mœurs de ce rhéteur, qu'il peint si avanta- » geusement, furent le fruit des leçons qu'il » y avait reçues.

» Cette école était proche du fameux temple » du Mont *Phaunus*, à la porte de Bayeux. » Ce temple, encore florissant au commence- » ment du 4.e siècle, passait, selon D. Rivet, » pour un des trois plus célèbres des Gaules : » le dieu *Belenus* en était la principale divinité.

» C'est cependant une tradition qu'on a aussi » adoré un veau d'or (1) sur ce monticule, et » qu'il y est encore caché. On ne saurait ou- » vrir la terre en ce lieu et dans les environs, » sans y trouver des tombeaux, des urnes et » des ossemens humains, comme il est arrivé » en 1753, et même auparavant. »

Outre les assertions que nous donne ce passage, il nous révèle encore l'opinion de D. Rivet, auteur très-estimé de l'*Histoire littéraire de la France*. On connaît l'étendue des recherches de ce savant Bénédictin, et son opinion mérite d'être pesée.

Rapportons maintenant quelques lignes d'un ouvrage beaucoup plus moderne : il est de 1804. Nous copions les lignes suivantes dans les notes intéressantes qui terminent un petit poëme intitulé : *Bayeux et ses environs* (2) :

« Que l'une des trois plus célèbres *écoles de* » *Druides* établies dans les Gaules existât dans » le territoire de Bayeux, c'est un point de fait » sur lequel les auteurs sont d'accord. »

Cet accord des auteurs est une chose essentielle à noter. Il est à regretter seulement que ces

(1) Le prétendu veau d'or, dit Beziers lui-même, que les fables ont placé partout.

(2) Par M. J.-B.-G. Delauney, ex-constituant, p. 69.

mêmes auteurs ne nous laissent point apercevoir à quelle source ils ont puisé. Que ceci, au surplus, ne nous arrête pas dans l'examen de tout ce qui peut éclaircir et confirmer l'opinion générale.

Voici un autre passage qui n'est pas sans intérêt, et qu'une savante société s'est empressée d'accueillir :

« Sans rechercher en ce moment dans quel » degré de prééminence, en Gaule, était le » *collége sacré de Senantes* (au sein du pays » chartrain), je me bornerai à mentionner ici » quelques autres établissemens de ce genre, » tels que le *collége sacré,* placé sur le *Mont Dru* » (mons Druidarum), près Autun, et celui » près *Bayeux*, au lieu depuis occupé par l'ab- » baye de St.-Vigor (1). »

Je dois ajouter, pour donner plus de force à cette dernière opinion, qu'elle appartient à un archéologue absolument étranger au pays, et, par conséquent, désintéressé dans la question : elle est de M. Paris, ancien magistrat, auteur d'une notice critique et raisonnée sur la *Description d'un sanctuaire druidique entre Chartres et Maintenon.*

---

(1) Mém. de la Société royale des antiq. de France, année 1817, t. 1, p. 318.

Dans un *Mémoire*, plus récent encore, *sur les vestiges des thermes de Bayeux*, recherchés en 1821 par M. Surville, ingénieur des ponts et chaussées, 1.re partie de l'introduction, on lit ce qui suit : « Long-temps avant l'invasion » des Gaules par Jules-César, un *collége de* » *Druides* rendait célèbre la ville principale des » peuples désignés par Pline sous le nom de » *Bodiocasses*. »

Comme on le voit, les opinions qui précèdent n'émettent pas même un doute sur l'existence *à Bayeux* d'un établissement druidique, et n'hésitent pas à nous dire que cet établissement était une *école* célèbre parmi tant d'autres, et classée dans la même catégorie que celle du Mont-Dru, près Autun, dont les titres sont demeurés, et dont la réputation honorable est constatée par des inscriptions et des monumens historiques.

Mais que devaient être ces écoles ?.. Que devait être celle de Bayeux ? Ceci serait une autre question.... Les Druides n'étaient plus, sous les Romains, ce qu'ils avaient été avant la conquête et jusqu'au règne de Tibère. Dans les temps primitifs, aucunes de leurs leçons ne transpiraient. « Ils étaient déjà persuadés, dit » un éloquent publiciste (1), qu'il y a des

(1) M. Delacroix, Constitutions des états de l'Europe, t. IV, p. 16.

» choses que les hommes croient d'autant plus
» qu'ils ont plus de peine à les comprendre.
» Ils insinuaient au peuple que la mémoire se
» perdait à mesure qu'elle se fiait à des carac-
» tères ; que personne ne voudrait plus se don-
» ner le soin d'apprendre par cœur ce qu'il
» pourrait trouver écrit dans un livre. Ils ajou-
» taient que leurs instructions n'étant que pour
» les habitans initiés dans la religion du pays,
» elles devaient être tenues secrètes, et que
» c'était un véritable sacrilége que de les con-
» signer sur des tablettes qui pourraient un
» jour tomber entre les mains des étrangers. »

D'après ce système, d'ailleurs très-connu et appuyé de l'autorité de César, il est évident qu'il ne serait pas sorti de leurs colléges alors des professeurs de rhétorique et d'éloquence, pour aller occuper des chaires publiques. Aussi devons-nous croire que les anciens Druides ont fait place à d'autres qui avaient une mission moins secrète, plus étendue, plus en rapport avec l'état de civilisation où les Gaulois sont parvenus pendant quatre cents ans de domination romaine, et que c'est l'école de ces derniers Druides à Bayeux qui aura fourni les rhéteurs célèbres dont parle Ausone, comme ayant été répandre les lumières et le goût des sciences jusqu'à Bordeaux.

N'est-il pas possible aussi que, devenus prêtres gallo-romains, les nouveaux Druides aient eu des maisons d'habitation, des édifices, des temples même qui, appropriés aux mœurs, aux usages, aux habitudes de leur époque, soient venus remplacer, sur le Mont *Phaunus*, les huttes, les cabanes, les souterrains et les autels bruts de leurs dévanciers?.. Cette supposition n'est pas dénuée de probabilité; elle rendrait raison, en quelque sorte, du mot *templum* employé par Ausone.

Rien ne s'opposerait donc à l'idée qu'il y ait eu, à la porte de Bayeux, des établissemens druidiques d'une époque secondaire, et qu'il y en ait eu de plusieurs espèces, c'est-à-dire, un collége de prêtres, des écoles publiques et des monumens religieux. Et lorsque je parlais d'édifices qui avaient pu remplacer des souterrains, c'est qu'il est généralement connu que les premiers prêtres gaulois avaient pour demeures des cavernes, des grottes ou des souterrains, et qu'aussi le hasard a fait découvrir, au 17.e siècle, plusieurs de ces sortes d'habitations sur le flanc du Mont *Phaunus*, au lieu dit le *Champ-Fleuri*: événement qui a même fait donner à ce lieu le nom de *rue de la Cave*, qu'il porte encore aujourd'hui (1).

(1) Un éboulement arrivé en 1830 vient encore de faire découvrir

Quant aux monumens religieux, et même de la primitive institution, nul doute qu'ils ont existé, et sur ce Mont *Phaunus* déjà si célèbre, et dans ses environs.

« L'oratoire construit par S. Exupère sur » le Mont *Phaunus*, dit M. Delauney (1), » autorise à penser qu'il le fut dans l'empla- » cement où les Druides s'acquittaient de leurs » devoirs religieux. Le voisinage des lieux pla- » cés sur la même colline se prête à cette idée. »

J'ajouterai que ces lieux, que j'ai visités avec une attention curieuse, m'ont révélé, sur plusieurs points, l'antique existence des monumens qui ont disparu.

Ces restes de l'abbaye de St.-Vigor, auxquels on donne si improprement le nom de *temple des Druides*, n'est pas ce qu'il faut examiner, lorsqu'on est à la recherche des monumens celtiques. Il faut bien plutôt jeter les yeux sur l'un des angles du nouveau bâtiment près de la principale porte d'entrée : on y reconnaîtra deux pierres très volumineuses qui font disparate avec toutes les autres employées dans la même construction ; et encore ces pierres ont-elles été taillées et équarries, ce qui a beau-

l'un de ces souterrains, dans la cour d'une maison rue St.-Jean, n°. 116.

(1) Ouvrage précité, par M. Delauney, notes, p. 70.

coup diminué leur masse primitive. Il faut également considérer avec attention les autres grosses pierres brutes qui sont implantées çà et là dans la rue qui longe les mêmes bâtimens, et aussi celles qui servent de bornes à l'extrémité de la rue Teinture, près St.-Vigor. Je crois reconnaître tous les caractères celtiques dans ces débris de quelque vieux *dolmen*; j'y crois reconnaître quelques-unes de ces pierres d'enceinte qui, sous le nom de *cercles druidiques*, défendaient l'abord des sanctuaires.

Il paraît, au surplus, que ces sortes de monumens religieux étaient multipliés dans les environs.

« Du côté de St.-Loup, dit M. Pluquet, » (1) il existait une forte agrégation de ca- » banes et plusieurs autels druidiques. La tra- » dition et les légendes qui, à défaut d'autres » autorités sont nos guides, rapportent que ce » fut S. Vigor qui détruisit les restes du culte » druidique sur le Mont *Phaunus*, et que » S. Loup, en fit autant sur les bords de la » Drôme (2). »

Ces derniers mots nous ont conduits à faire quelques recherches sur le quartier de St.-Loup,

(1) Essai historique sur la ville de Bayeux, chap. 2.

(2) Rivière qui coule à l'ouest et sous les murs de Bayeux.

qui forme, au sud, une partie de la ville de Bayeux ; mais c'étaient de vaines recherches, et j'allais me jeter dans le champ des conjectures, lorsqu'un paragraphe presqu'imperceptible du consciencieux auteur de l'*Histoire sommaire de Bayeux*, le modeste abbé Beziers, me mit sur la voie d'un monument qui vient donner de la force au passage ci-dessus. Voici ce paragraphe où (page 99), en parlant de l'église de St.-Loup, il dit : « On y voyait autrefois » une pierre que la crédulité du peuple avait jugée digne de sa vénération. Cette pierre, grosse » comme un baril, sans aucune taille ni forme, » était enclavée dans la muraille proche du » lavatoire du maître autel. On y remarquait » aisément, dit le manuscrit, la forme d'un » pied assez grand, *que l'on tient être la mesure* » *du pied de S. Loup*, que miraculeusement, » (c'est toujours le manuscrit qui parle) *et* » *sans artifice, il imprima marchant sur icelle.* » Elle fut ôtée en 1687, comme un objet de » superstition. »

Voilà du moins le souvenir d'un monument, et nul doute qu'il fut un monument druidique auquel étaient restées attachées des idées superstitieuses, un monument qui, comme tant d'autres, avait survécu au culte religieux de nos pères, et qui a peut-être servi de transition aux premiers apôtres de l'évangile pour gagner la confiance des peuples et faire des prosélytes au christianisme ; et comme plus tard, probablement, l'empreinte du pied de S. Loup n'aura pu faire oublier quelques usages, quelques pratiques vaines et ridicules, (1) on aura été obligé de faire disparaître le témoin des siècles passés.

Mais un autre monument druidique, d'une toute autre espèce, nous est tombé sous la main, par un hasard que je ne peux résister à rapporter :

La maison que j'occupais à Bayeux, rue de Crémel, n.° 11, paroisse St.-Exupère, sur la partie *ouest* du Mont *Phaunus*, est à peu de distance de l'oratoire construit, dit-on, sur l'emplacement même où les Druides avaient leur principal établissement religieux, et non loin de la *Belle-Fontaine* qui a donné son nom au hameau qui termine ce mont vers le *sud*. Le 10 mai 1829, des ouvriers occupés à faire une excavation dans mon jardin attenant à l'ancien couvent *démoli* des capucins, après avoir enlevé trois à quatre pieds de terre végé-

---

(1) Les actes des conciles tenus à Arles, à Tours, à Nantes et à Rouen, montrent combien on a eu de peine à abolir les cérémonies par lesquelles les Gaulois adoraient les pierres, les arbres et les fontaines. (Picot, hist. des Gaulois, t. 3 p. 54.)

tale, rencontrèrent un amas de décombres enfouis depuis long-temps. Parmi les premières pellées de matériaux qu'ils jetèrent au-dehors, je vis tomber une pierre qui me parut avoir une forme, malgré la terre encroûtée qui la couvrait, et je ne fus pas peu surpris d'y reconnaître, à l'instant même, l'un de ces instrumens des sacrifices à l'usage des Druides, dont j'avais vu les analogues au cabinet des antiques de la bibliothèque royale et dans quelques cabinets particuliers. Une fois cette pierre nétoyée et appropriée, j'ai trouvé sa conservation parfaite, *sa forme* et *ses dimensions* absolument semblables à des dessins que j'avais en porte-feuille. Il est impossible de n'y pas reconnaître ce que les antiquaires sont convenus d'appeler un *couteau druidique*. (F) La nature de la pierre est un *jade* de couleur olivâtre foncée, d'une qualité compacte extrêmement dure et d'un grain très-fin; l'acier même a peine à y mordre. Taillé en ciseau très-coupant, dans sa partie la plus large, cet instrument grossit et s'arrondit vers le milieu, et va en diminuant jusqu'au bout supérieur qui est convexe. Son poids est de huit onces et demie; sa longueur de quatre pouces six lignes; sa plus forte épaisseur, de quinze lignes. La partie tranchante a deux pouces, et le bout opposé neuf lignes. Le taillant en est tellement poli qu'il semble couvert d'un vernis indestructible, tandis que le surplus paraît mat. En le considérant avec une extrême attention, et même à la loupe, on reconnaît visiblement que le *jade* est empreint de taches de sang qu'il serait impossible de faire disparaître.

Je trace, ci-contre, la figure de cet instrument dans son exacte dimension.

Certes, quelque peu qu'on ait étudié l'histoire et les usages des Gaulois, on ne révoquera pas en doute que ce ne soit ici un monument qui ait servi au culte religieux de ces peuples, et tout porte à croire qu'il a appartenu aux ministres qui l'exerçaient sur le Mont *Phaunus*.

Enfin, c'est un monument qui nous reste; et je le conserve avec d'autant plus d'intérêt qu'il est d'abord précieux en lui-même, et que, trouvé dans une région toute druidique, il est d'un plus grand poids dans la question.

A côté de ce monument, viennent naturellement se placer les médailles gauloises que, malgré leur rareté en général, la terre ou des ruines, ont bien voulu nous restituer en grand nombre, et presque chaque jour, à Bayeux. J'ai vu beaucoup de ces médailles qu'un ami éclairé des lettres, de l'histoire et des arts (1)

(1) M. Ed. Lambert, de Bayeux, membre de la Société des antiquaires de Normandie.

a recueillies et dessinées. Je ne m'attacherai pas à les décrire ; il n'en est aucune d'extraordinaire, et toutes sont reconnaissables à leur dessin barbare, à leur fabrique grossière. On n'y distingue, le plus souvent, que des figures grotesques d'hommes, de plantes ou d'instrumens, et au revers, assez ordinairement le cheval gaulois ou d'autres animaux quelquefois difficiles à reconnaître. Différens signes, tels que le croissant, le double triangle, le quatre-feuilles, l'épi, sont placés ordinairement au haut, dans le champ, ou à l'exergue. Presque toutes sont en bronze et du petit module. J'en ai reconnu plusieurs que je possède depuis long-temps dans mon médailler, mais que je n'ai jamais pu bien déterminer. Malheureusement, comme on le sait, ces médailles ne portent pas de dates, et tout ce qu'elles font ici est de fortifier la tradition et de nous attester que les Gaulois avaient une peuplade nombreuse dans le pays, long-temps avant l'invasion romaine par Jules-César : car il faut qu'un pays ait été bien peuplé et habité pendant plusieurs siècles, pour qu'il se retrouve encore aujourd'hui un si grand nombre de ses monnaies, lorsque les monnaies mêmes de nos premiers rois n'existent plus.

Ajouterai-je maintenant qu'il subsiste encore

à Bayeux même et, à plus forte raison, dans la contrée, quelques usages; quelques restes de superstition qui nous rappellent le druidisme? On sait que le culte des pierres, des arbres et des eaux entrait dans les pratiques religieuses des prêtres gaulois. Ce culte a laissé de longues traces après lui, et, ni les ordonnances de nos rois, ni les remóntrances et les menaces de notre religion (1) n'ont pu les détruire entièrement. On a seulement essayé et on est souvent parvenu à en dénaturer l'objet; mais l'idée première, l'idée fondamentale et usuelle est restée.

Déja nous avons vu que la *Pierre de St.-Loup* avait conservé quelqu'attrait mystique dans l'esprit du peuple, et que nos prêtres chrétiens, malgré de sages précautions et de prudens calculs, s'étaient vus forcés de la faire disparaître comme objet de superstition.

D'autres *pierres*, aux yeux du même peuple, ont conservé d'autres vertus. Combien de bonnes gens ne viennent point déposer leur léger tribut sur la *pierre de la Fontaine St.-Julien*, aux portes de Bayeux!... Combien de jeunes vierges, dans l'espoir d'obtenir bientôt les faveurs de l'hymen, n'allaient pas, naguère encore, placer sur la *pierre de St.-Nico-*

(1) Le concile de Nantes défendit, en 658, de rendre un culte aux pierres, aux arbres consacrés.

las de la Chênaie, leur modeste pièce de monnaie, en ayant soin de mettre le doigt sur le trou qu'il avait fallu d'avance pratiquer au centre de l'offrande, pour que celle-ci eût toute la vertu nécessaire.

Et le *chêne* antique qui, non loin de là, fut abattu en 1792; ce *chêne* séculaire du Mont *Phaunus*, qui contenait la statue de St[e].-Marie l'égyptienne (1), au lieu dit *Egyciane*, ne nous révèle-t-il pas d'autres souvenirs druidiques au milieu d'une foule d'autres usages, d'autres habitudes que nous a légués la primitive religion de nos pères, usage qu'on retrouve partout, et qu'il deviendrait fastidieux d'énumérer.

Forcé d'ailleurs d'abandonner de minutieux détails pour ne pas négliger la recherche d'une autre espèce de monumens; ce sont des actes religieux, ce sont les légendes elles-mêmes que je vais interroger. On sait qu'essentiellement voisines de la haute antiquité, elles servent, chaque jour encore, à nous remettre sur les traces de l'histoire, c'est donc à elles indirectement que je vais avoir recours; c'est un hymne sacré, puisé tout entier dans ces mêmes légendes, que je vais invoquer comme une autorité qui appuie la tradition : je lis dans

(1) On sait que le culte égyptien, ou d'Isis, fut amalgamé au druidisme et au polythéisme sous le règne d'Auguste.

le diurnal de l'église de Bayeux, au jour de St.-Exupère, de ce premier apôtre de la chrétienneté dans le pays, et qui fut son premier évêque, je lis, dis-je, les versets suivans :

Ille concessu Druidum
superbas
Bajocœ lœto pede tendit
arces,
Certus infames abolere,
Christo
Auspice, ritus.
Cessit infandus Beleni
Sacerdos;
Victâ discessit Druidum
Catervâ :
et Deo sacras pia ritè
fumant
Thura per Aras.

Ce qui peut être traduit ainsi : « Exupère,
» ayant eu connaissance qu'il existait à Bayeux
» un temple de Druides, marcha d'un pas
» empressé vers ce pays, certain qu'il était,
» sous les auspices de Christ, d'abolir des rites
» superstitieux. »

» Le prêtre trop faible de *Belenus* fut forcé
» de céder; la foule vaincue des Druides se
» dispersa, et l'encens pur fuma religieuse-
» ment sur les saints autels de Dieu. »

Comme on le voit par cet extrait, l'hymne sacré contient une partie historique qui n'était point à dédaigner, surtout dans des recherches du genre de celles qui nous occupent. En fait d'antiquités, nous y rencontrons plus que des demi-preuves.

C'est sans doute aussi pour consacrer la tradition et pour perpétuer les mêmes souvenirs historiques, que l'église a fait confectionner un monument qui remplit ce but, en frappant en même temps, et les yeux et l'imagination des peuples; on voit dans la cathédrale de Bayeux, un tableau qui décore l'autel de la seconde chapelle, à droite, en entrant par le grand portail. Sa composition est gracieuse et bien entendue; le dessin et le faire ne manquent ni d'intelligence ni d'intérêt; il représente l'apôtre Exupère, ce premier pasteur qui, comme nous l'avons dit, vint prêcher la morale de l'évangile à Bayeux; il est dans un costume romain, tenant d'une main, le *Lituus* ou bâton augural, ou pastoral, et de l'autre, montrant une croix, la croix primitive simplement formée de deux branches d'arbre, à un grand prêtre des Druides décoré de son imposant costume et des marques de sa dignité. Les deux personnages sont debout à l'entrée d'un vert bocage, au fond duquel on aperçoit un temple à demi renversé. Sur le second plan est une statue mutilée, dont la tête jetée au bas du tableau, nous a paru figurer celle de Mercure, à en juger par l'espèce de pétase qui la couvre; peut-être parce que Mercure passait pour le Theutatès des Celtes. Le Gui du chêne et la serpe d'or brisée sont aux pieds du Druide qui écoute, avec un air étonné les paroles évangéliques de l'orateur chrétien.

Certainement, ce tableau n'est pas une autorité sur laquelle nous puissions en rien nous appuyer; mais nous avons dû en parler par respect pour la tradition religieuse, pour l'opinion générale, et aussi afin de prouver que nous avons étendu nos investigations sur tous les genres de monumens qui ont trait à la question.

Je disais tout à l'heure qu'en s'éloignant de la ville de Bayeux, on devait retrouver, et en plus grand nombre peut-être, d'autres restes, d'autres vestiges qui se rattachent aux habitudes, aux mœurs, aux cérémonies et aux usages des Gaulois; citons-en quelques-uns pris au hasard.

Et d'abord, disons un mot du *Tumulus* de Colombiers-sur-Seulles, situé à peu de distance d'une ancienne voie romaine.

Ce *Tumulus*, qui n'a plus qu'un reste de forme, a été fouillé par le propriétaire il y a quelques années. Coupé ou abattu alors un peu plus qu'à moitié afin de mettre le centre à découvert, les terres en furent jetées ou répandues çà et là vers le sud. Cette espèce de fouille, ou plutôt cette destruction a fait reconnaître que le centre était occupé par un cercle de pierres brutes posées de champ, présentant à peu près douze pieds de circonférence et renfermant des ossemens humains en partie calcinés.

Ce qui subsiste de cet antique monument témoigne que sa forme était ronde; que son élévation devait être de quinze pieds, et son diamètre de soixante. Aujourd'hui qu'il a été tranché au-delà de son centre, et que les terres se sont éboulées et nécessairement étendues, sa plus grande élévation est de douze pieds, et son diamètre de soixante-dix.

Une chose que j'ai remarquée avant de quitter le terrain, c'est un trou assez large pratiqué du côté de la coupe et à sa base, au moyen duquel on aperçoit une cavité qui s'étend sous la partie restée intacte et dont je n'ai pu sonder la profondeur. Une fouille régulière serait, là, facile à faire à peu de frais, et pourrait peut-être dédommager encore de ce que la première a laissé perdre dans l'intérêt des connaissances archéologiques.

Maintenant, sans nous éloigner beaucoup, et à 900 pas, au nord-ouest, du *Tumulus*, en avançant vers Colombiers, nous rencontrons un autre monument celtique qui, certes, avait eu une même destination quoiqu'étant d'une nature et d'une forme très-différentes. Ici, c'est d'un *Men-hir* que je veux parler, c'est-à-dire de cette *Pierre Debout* qui a donné son nom à la *Delle* ou portion de terre où elle est située.

Cette pierre, de nature calcaire, est implantée sur le chemin de Bayeux à la Délivrande, à 700 pas de l'église de Colombiers. Le temps a un peu dérangé sa pose verticale; elle penche vers l'est, en s'élevant de sept pieds et demi hors de terre, où elle paraît d'ailleurs profondément enfoncée. Sa largeur est de deux pieds sur une face et de deux pieds dix pouces sur celle qui est à l'aspect du midi. Jamais elle n'a été que grossièrement taillée. Sur son sommet est un carré long légèrement creusé, avec un trou fort peu profond dans le centre. Mais d'après ce qu'on va lire, ceci est un fait des temps modernes, et il en est de même des entailles qu'on y remarque et qui n'ont été pratiquées que pour faciliter les moyens de monter sur le haut.

En effet, comme à toutes les pierres celtiques, nous trouvons attachées à celle-ci des idées superstitieuses, ou, si l'on veut, des usages et un genre de crédulité à peu près semblables à ceux que nous avons décrits en parlant de la pierre de St.-Nicolas de la *Chênaie*; ce sont encore des maris que les jeunes filles y viennent chercher, ou pour mieux dire, espèrent se procurer dans l'année, lorsque, se rendant en pélerinage à N. D. de la Délivrande, elles osent monter sur le sommet de la pierre et, de là, s'élancer d'un saut sur le sol; mais, bien entendu, après y avoir déposé quelques pièces de monnaie; c'est là le *sine quâ non*; et comme on ne peut s'empêcher de le remarquer, ce sont toujours des offrandes, toujours des souvenirs de pieux sacrifices! Et ne serait-ce que cet amalgame confus d'idées religieuses superstitieusement et traditionnellement conservées d'âge en âge, il nous serait une preuve de plus de l'origine du monument.

Mais, pour revenir à ce monument; c'était comme nous l'avons dit, l'un de ces *Men-hirs* si nombreux, si communs dans toutes les parties de la Gaule, et on sait que généralement ils indiquent des sépultures. C'est ce qui n'avait point échappé à M. Ed. Lambert, qui, en amateur instruit et curieux, s'y transporta pour connaître l'état des fouilles qu'y faisait le propriétaire du champ auquel cette *Pierre*

Debout a donné son nom. M. Lambert s'assura que, depuis quelques années, on avait trouvé autour de ce monument, les ossemens de plusieurs cadavres. Lui-même put encore reconnaître cinq squelettes humains environnés de pierres plates, et dont les têtes, placées le long du chemin, annonçaient que les sépultures avaient été faites dans la direction du midi au nord ; ce qui éloigne toute idée des premiers temps du christianisme.

L'une de ces sépultures renfermait quelques débris d'armures, et, entr'autres une forte fibule, ou agraffe en fer, dont la facture est grossière et lourde, mais cependant ornée d'un plaqué en argent, sur lequel se voient encore des ciselures régulières et assez soignées. Cette fibule se compose d'une plaque, d'une boucle et de son ardillon. On reconnaît sur la plaque, l'endroit des clous qui la fixaient sur le cuir d'un ceinturon ou d'un baudrier. Nous en retrouvons d'absolument semblables dans le *Receuil des Antiquités de Grivaud de la Vincelle*, tome II. page 64, planche 7; et l'auteur n'a pas hésité à leur attribuer une origine gauloise.

Ici donc tout annonce une tombe celtique qui a dû être érigée à la mémoire de plusieurs guerriers que l'on doit supposer morts en défendant la cause du pays. Aussi nous est-il permis de croire qu'en ces lieux-mêmes les Bardes des rives de l'Aure ont célébré la gloire des braves ; et nous pourrions presque dire, avec Ossian :

« Là, tandis que les Bardes chantaient, on » choisit une *pierre* dans le torrent ; on mit » dans la terre trois bosses de boucliers ; on » y plaça un poignard et une cotte d'armes d'a- » cier, et *on éleva la pierre* afin qu'elle parlât » aux siècles futurs. »

Un monument de la même nature, un monument plus important peut-être, a dû exister, non loin de là, à *Pierre-Solein*, ou *Solem*, (1) commune du Manoir, distant d'une lieue et demie de Bayeux ; mais, le monument a disparu !.. Un autre a pris sa place, et, chose remarquable, ce dernier, dans sa nouvelle dénomination, semble avoir voulu nous conserver un souvenir : C'est à *Pierre-Solem* que fut érigé le PRIEURÉ qui, dans ses chartes est désigné sous le nom de *Prioratus de Petrâ Sollemni* (G). Ce nom seul en dit plus que tous les raisonnemens. Il est assez connu que, pour convertir les Gaulois, les Chrétiens, au lieu d'abolir tout-à-coup les usages religieux des Druides, « trouvèrent » plus prudent de les détourner à la religion

(1) Essai historique sur Bayeux, p. 22.

» qu'ils voulaient établir ; et voyant la vénération que les habitans avaient pour les tombeaux, (MEN-HIRS), ils dédièrent ces monumens au culte du Christ (1). »

C'est aussi ce que l'éloquènt auteur du Génie du christianisme (2) nous fait remarquer dans ce passage plein de verve et de poésie :

« Sur les monts de l'antique Calédonie, le » dernier Barde qu'on ait ouï dans les déserts, me chanta les poëmes dont un ancien héros consolait sa vieillesse solitaire. » Nous étions assis sur quatre *pierres* rongées de » mousse ; un torrent coulait à nos pieds, et » le vent de l'est soufflait sur les bruyères de » Cona. Maintenant la religion chrétienne, » fille aussi des hautes montagnes, a placé des » croix *sur les monumens des héros*, et touché » la harpe de David, au bord du même torrent où Ossian fit gémir la sienne. »

C'est avec intérêt, avec une sorte de curiosité que je rapporte ces divers passages, parce qu'en nous retraçant les usages d'anciens peuples éloignés, ils nous rappellent ceux de nos pères, et nous prouve que, dès la plus

(1) Voyage de la Troade, par Chevalier. Ext. du d^r^. Borlasse, antiq^és^. de Cornwal.

(2) M. de Chateaubriant.

haute antiquité, ceux auxquels les Romains ont donné si gratuitement le nom de barbares, avaient la véritable religion des tombeaux. Nous y retrouvons davantage, nous y voyons qu'en général les premiers sectateurs du christianisme ont respecté, ont en quelque sorte consacré la tombe des héros et des grands hommes.

Mais ce que la raison, la prudence, l'opinion même avaient épargné, le temps, l'indifférence ou le vandalisme l'ont détruit. Il reste peu de monumens celtiques; il en reste peu du moins dans le Bessin. Au surplus, nous avons cherché à tirer parti de tout ce qui s'est rencontré, et nous croyons en avoir dit assez pour donner quelque consistance à la discussion, pour en tirer des conséquences naturelles, et arriver historiquement à cette conclusion :

Avant l'invasion romaine, dans ces temps reculés où l'histoire ne remonte pas, une peuplade celtique existait sur les rives de l'Aure, à l'est de la ville actuelle de Bayeux, à mi-côte du mont Phaunus. La cime de ce mont, couverte d'une épaisse forêt, était occupée par un collége de Druides. Ces prêtres gaulois, essentiellement chefs de la religion, de la justice, de la politique et de l'instruction, avaient établi auprès d'eux le gouvernement de ces peuples, et en avaient fait une métropole, dont les habitans n'étaient pas, à proprement dire, renfermés dans une ville, mais qui, par leur agglomération, n'en formaient pas moins le point central d'un corps de peuple. C'est ainsi que les trouva César, lors de sa conquête des Gaules, et c'est lui, ainsi que nous l'avons déjà dit, qui nous les a fait connaître sous la dénomination de *Bellocassi*.

Ceci nous ramène à notre point de départ et nous fait arriver à des temps plus connus, à ce que nous appellerons l'époque romaine, époque à laquelle nous commençons à pouvoir interroger l'histoire.

C'est elle, c'est l'histoire qui nous redit qu'après plusieurs insurrections, au nombre desquelles on doit compter la coalition générale des Gaules à Alise; qu'après diverses tentatives pour ressaisir leur indépendance, et dans lesquelles ils échouèrent, les *Bellocassi*, ayant perdu leurs chefs et l'élite de leurs guerriers, plièrent au joug des vainqueurs, se soumirent de bonne foi à leur gouvernement et finirent par y rester fidèles.

D'un autre côté, c'est encore l'histoire qui nous apprend que, dès le règne d'Auguste, les Romains s'appliquant à introduire chez les Gaulois toutes les branches de la civilisation, choisirent de préférence les lieux où déjà il avait existé des établissemens et des institutions pour y placer les leurs; origine première, origine toute naturelle de la ville Gallo-Romaine, de la capitale des Bellocassiens.

Bientôt, en effet, il s'éleva, sur les rives de l'Aure, des monumens dignes de la puissance et de la richesse du grand peuple qui apportait chez nos pères ses lois, ses usages et ses dieux; ainsi devait se fonder la métropole d'une de ces cités qui firent alors partie de la grande province *Lyonnaise*.

Sous ce dernier point de vue, nous sommes fondés à croire que la cité des *Bellocassi* fut du nombre des soixante cités qui élevèrent à Lyon un autel et des statues à Auguste (1); ce qui lui valut la haute faveur de pouvoir ajouter à son nom, tout Gaulois encore, celui du prince, et de s'appeler du nom impérial d'*Augustodurum*; comme Autun s'appela *Augustodunum*, Limoges *Augustoritum*, etc.

A propos de ce nom, qu'on me permette une digression devenue nécessaire sur les noms que la ville de Bayeux a porté comme tant d'autres

---

(1) Les cités n'ont pas été toutes dénommées dans l'inscription de l'autel de Lyon. Il y était dit : *et civitates qui sub eo præfecto fuerunt.*

villes, suivant les diverses situations où l'ont placée les dominations étrangères et les révolutions qu'elle a successivement éprouvé.

D'abord, je n'ai pas hésité à restituer à cette ville le nom Gallo-Romain d'*Augustodurum*, parce que ma conviction s'est établie autant sur la tradition et sur l'histoire que sur les monumens. Je sais qu'en cela je ne suis point d'accord avec le savant abbé le Beuf, ni avec le géographe Sanson; mais il faut savoir aussi que le premier n'a supposé *Augustodurum* au village actuel de *Vieux*, que parce que *Vieux* lui présentait de précieuses antiquités, et que le nom d'*Augustodurum* n'était encore attribué à aucune localité voisine; et nul doute que c'est dans le voisinage qu'il fallait le chercher.

Après cela, il faut savoir encore que c'est sans examen, comme sans motif, que le second a placé *Augustodurum* à Torigny, qui n'a rien possédé d'antique que le *marbre* indûment appelé de son nom, et appelé ainsi uniquement parce que ce marbre y fût transporté en 1580.

Si l'abbé le Beuf avait remarqué que Ptolémée, qui écrivit peu après la fondation de la ville des Viducassiens, aujourd'hui *Vieux*, avait reconnu cette dernière ville sous le nom d'ARIGENUS BIDOUCAISION, il eut fait comme l'auteur de la table de Peutinger qui a conservé à *Vieux* le nom d'*Aregenue*; et si le même abbé le Beuf et si le géographe Sanson avaient pu voir retirer, des fondations de l'ancien château-fort de Bayeux, les antiques colonnes milliaires qui y avaient été jetées comme remblais, ils se seraient, comme moi, empressés de rendre à Bayeux le nom que lui consacraient encore les inscriptions dont ces monumens étaient chargés et qui retraçaient si positivement le nom d'*Augustodurum*.

Des sept à huit colonnes qui furent ainsi retrouvées sous les fondations de l'ancienne chapelle du château, le 29 Juin 1796, il ne nous reste que deux inscriptions conservées par les soins d'une commission des arts qui s'organisa à Bayeux en 1793, inscriptions qui furent reproduites, depuis, par Millin et par MM. Delauney, Lambert et Pluquet. Comme elles n'ont d'autre but ici que de constater le nom d'*Augustodurum*, je me contente de les interpréter, de les traduire et de les rapporter dans l'état *incomplet* où elles nous ont été transmises, sans chercher à rétablir leurs parties mutilées; ce qui serait d'ailleurs assez facile en s'aidant de l'inscription toute semblable d'une colonne milliaire découverte à Soissons en 1708, décrite et interprétée par Moreau de Mautour, dans les mémoires de l'académie. Voici donc les deux nôtres :

I P CAES LSEP. , ...
SEVERO PIO PERTI. . . . .
FEL AVGPP PONT. . . . . .
MO PARTHICARAB. . . . .
ADIABENIC IMP XII. . . .
MAVR ANTONINO A. . . . .
ET. . . . .
CV. . . . . . . EL ROM.
AVGVSTODVR
L. IIII.

Imperatore Cœsare Lucio Septimio	Sous l'empereur César L. Septime,
Severo, pio, pertinace, felice Augusto	Sévère, pieux, pertinax, heureux,
Patre patriæ, pontifice maximo,	Auguste, père de la patrie, grand pontife,
Parthico, Arabico, Adiabenico,	Vainqueur des Parthes, de l'Arabie, de
imperatore XII. . .	l'Adiabène, commandant les armées
Marco-Aurelio-Antonino-Augusto	pour la 12ᵉ. fois; et sous Marc-Aurèle-
et.	Antonin (Caracalla) Auguste. . . .
cu (rant E) L (egione.) Rom. (auâ.)	et. . . . .
(ab) Augustoduro,	Depuis Augustodurum.
Leuca quarta.	Lieue quatrième.

. . P CAES. . . SE. . . SE. . .
ERO PIO PERTIN. . . . . .
. . PP PONTIF MA. . . .
. . THICO ARABIC. . . . .
. . ABENIC IMP XII C. . . .
. . VRANTONIN. . . . . .
. . EL. . . . .
. . . .
AVGDVR
L. VI.

Imperatore Cœsare Lucio Septimio	Sous l'empereur César Septime Sévère (1),
Severo, pio, pertinace, felice, Augusto,	Pieux, pertinax, heureux, Auguste,
Patre patriæ, pontifice maximo,	Père de la patrie, grand pontife,
Parthico, Arabico,	Vainqueur des Parthes, de l'Arabie,
Adiabenico, imperatore XII, consule;	de l'Adiabène, commandant les armées
Marco-Aurelio-Antonino-Augusto	pour la 12e. fois, consul; et sous Marc-
c. l.	Aurèle-Antonin (Caracalla). . .
. . . .	. . . .
(ab) Augustoduro,	Depuis Augustodurum,
Leuca sexta.	Lieue sixième.

Outre ces milliaires nous avons à en regretter plusieurs autres qui ont été enlevés ou détruits

(1) D'après Moreau de Mautour, ces colonnes furent érigées en l'an 202 de notre ère, époque du 3e. consulat de Septime Sévère, et du 1er. consulat de Caracalla. Il a interprété les lettres *CV EL ROM.* par *Curante legione romanâ.* (On a suivi ici sa version à l'ablatif.)

sur différentes voies romaines près de Bayeux; mais ils n'auraient point dit davantage, ils n'auraient rien ajouté à une conviction acquise par une étude sérieuse des événemens, par une tradition raisonnée et par une critique approfondie.

Au surplus, je ne suis point le seul qui éprouve aujourd'hui le besoin de restituer à Bayeux le nom d'*Augustodurum* ; j'ai rencontré les mêmes dispositions chez plusieurs de ceux qui s'attachent véritablement à l'histoire de leur pays. Un savant archéologue, entr'autres, qui s'est fait une étude particulière de la topographie ancienne de la Normandie, M. de Gerville, n'a pas hésité à se prononcer dans le même sens. Il a dit, en parlant des voies romaines : « une route, venant du Grand Vay, conduisait à *Augustodurum*, Bayeux. » (1)

Quant à moi, ne faisant aucun doute sur la position d'*Augustodurum*, j'ai dû chercher, dans la décomposition de ce mot, le nom primitif, *le nom Gaulois* de la ville de Bayeux ; et, quoique je ne puisse ici m'appuyer que sur une analogie, que sur des conjectures étymologiques, peut-être me saura-t-on gré de hasarder une idée nouvelle.

(1) Mém. soc. des antiq. de Norm. t. 5. p. 48.

J'ai déjà dit qu'*Augustodurum* était un nom *Gallo-romain*, et en effet, les deux étymologies latine et gauloise s'y trouvent réunies (1) ; l'une nous rappelle le beau siècle d'*Auguste*, l'autre nous reporte à des siècles bien antérieurs et au souvenir de nos pères. Sous ce dernier rapport, je puiserai mon autorité chez un savant et judicieux écrivain, chez le célèbre et modeste Bergier; c'est Bergier (2) qui va me prêter son appui et me faire appliquer à la ville de Bayeux, ce qu'il a dit de la ville de Metz, de cette ville dont l'antiquité bien connue est en quelque sorte consacrée dans ce vers historique :

« *Longo Divodurum præcessit tempore Romam.* »

Or, voici comment s'exprime Bergier : « les » Gaulois devenus plus industrieux par une » longue expérience, commencèrent la fonda- » tion des villes par des *tours* qui leur servaient » de défense contre leurs ennemis. On sait » qu'une *tour* se disait, en gaulois, *Duren*, » que l'on a latinisé en *Durum* ; et comme les » fondateurs de la ville de Metz ont commencé » leur ouvrage par une *tour* qu'ils consacrèrent » à leurs dieux, les Romains mêmes leur en ont » conservé la mémoire dans le nom *Divodurum*,

---

(1) L'abréviation *AVG DVR* sur l'une des deux colonnes milliaires est remarquable : elle divise les deux mots.

(2) Auteur de l'hist. des grands chemins de l'emp. romain.

» c'est-à-dire *Durum* (*sacrata*) *divo*, tour con-
» sacrée aux dieux. »

A mon tour, je dirai que l'antiquité de Bayeux n'étant pas moins reconnue que celle de Metz, le nom d'*Augustodurum*, qui lui est applicable, nous fait tirer cette conséquence que, dès son origine, elle fut une *tour*, puis ensuite une *ville dédiée à Auguste*, sous l'empire duquel elle a dû acquérir l'importance que nous révèlent encore les ruines de ses anciens monumens romains. Et pourquoi, de conséquences en conséquences, n'arriverions nous pas à croire que le mot gaulois *Duren* fut le nom primitif de Bayeux, comme *Duren* est encore, de nos jours, le nom d'une ville au pays de Juliers (1); comme il a servi de racine latinisée à une foule de noms de peuples et de villes, tels que *Durocasses* Dreux; *Durocatalaunum*, Châlons; *Durocortorum*, Reims; *Diodurum*, Jouare; *Autissiodurum*, Auxerre; etc., etc.; et comme enfin ce mot, devenu français sous la dénomination de *Tour* ou *Tours*, nous sert à désigner un grand nombre de bourgs, villes et villages sur tous les points de la France.

Après cela, on veut, sans qu'il en reste de

(1) L'ancien *Marcodurum*, au pays de Juliers, a quitté son nom romain pour reprendre son nom gaulois *Duren*. (Dict. des Gaules, t. 4 p. 537.)

preuve, que Bayeux ait encore porté un troisième nom, celui de *Nœomagus ou Noviomagus.* Il n'y aurait là rien d'extraordinaire : tel fut le sort des villes qui ont passé sous diverses dominations. La ville de Bayeux pillée, saccagée et brûlée par les Saxons pendant leurs invasions successives qui durèrent jusqu'à la fin du 5e. siècle, n'a pu se relever de ses ruines que vers l'an 550 à 560, époque où ces mêmes Saxons formèrent des établissemens nombreux dans la Neustrie et surtout dans cette partie du Bessin qui, trop long-temps, conserva leur souvenir et leur nom. Nous voyons en effet que même jusqu'en 853, une partie du diocèse de Bayeux fut appelée *Otlingua Saxonia*, c'est-à-dire, la *Petite Possession Saxonne* ou la *Petite Saxe* (H); Grégoire de Tours lui-même les nomme *Saxonnes Bajocassini*, d'où nos vieux historiens français en ont appelé les habitans les *Sesnes du Bessin.* Rien donc de plus naturel que ces mêmes peuples, empruntant une langue ancienne et une ancienne dénomination appliquée à plusieurs villes, aient donné alors à Bayeux, qu'ils reconstruisirent peut-être en partie, le nom de *Ville Nouvelle, Nœomagus.*

Quant à tous ces noms de *Baiœ*, *Bajocœ; Bajocum*, *Bajoga*, *Bagia*, *Baex*, *Baeves*, *Baies*, qui lui furent donnés depuis, ils portent bien le cachet des siècles qui se sont succédés, et servent à nous convaincre avec quelle facilité et quel ridicule on a mutilé les noms des peuples et des villes pendant le moyen âge. Au surplus, on retrouve dans ces noms la racine du nom de Bayeux qu'enfin elle porte aujourd'hui, et que, comme tant d'autres villes, elle fait dériver, intentionnellement du moins, de l'ancien nom de son peuple.

Un mot maintenant sur l'importance que devait avoir cet *Augustodurum* dont nous venons de déterminer l'emplacement. Devenue la métropole des *Bellocassi* (1), cette ville, comme déjà nous l'avons dit, se couvrit de grands monumens et de monumens d'utilité publique. Nous ne pouvons juger maintenant de cette grandeur passée que par des ruines, et si la ville actuelle de Bayeux n'était pas positivement bâtie sur la ville Romaine, nous retrouverions infailliblement la trace, les dispositions et jusqu'aux distributions de ses antiques édifices. C'est aussi ce qui a eu lieu successivement en 1760 et 1821, lorsqu'en reconstruisant une partie de l'église de St.-Laurent et le pavé de la rue du même nom, on retrouva ces belles et

---

(1) On voit dans plusieurs monumens du haut et du bas empire qu'il y avait un sénat à Autun, à Bayeux, etc. (Mém. acad. des inscript. t. XIX. p. 509.)

riches constructions, dont la seule partie qui fut mise à découvert suffit pour convaincre que là avait existé un palais et des thermes magnifiques dont le plan nous a été conservé par les soins de M. l'ingénieur Surville et de M. Edouard Lambert. Il est essentiel de consulter le plan et les mémoires de ce dernier dans le recueil de la société des antiquaires de Normandie, si on veut avoir une juste idée de l'importance de ce monument sur lequel 13 ou 14 siècles avaient amoncelé leurs débris et qui servira de témoin encore dans les siècles à venir.

Ceci me conduit à parler d'une découverte plus récente, et je ferai remarquer que comme si un monument devenu nécessaire dans l'état actuel de la civilisation, devait succéder à un ancien monument d'utilité publique, c'est en creusant les fondations d'une nouvelle halle aux blés, en 1830, sur les ruines de l'ancienne, dans la rue St.-Jean, que l'on rencontra les restes d'un aquéduc entièrement construit d'un ciment épais et indestructible. Cet aquéduc amenait en ville les eaux pures et salubres de la fontaine Lisleut, c'est-à-dire du hameau de Belle-Fontaine, dont le nom nous est assez significatif.

On doit à M. Lambert d'avoir constaté l'existence de cet antique monument, en en faisant détacher une partie ; et pour que le modèle et le souvenir s'en conservassent, d'en avoir fait transporter et déposer l'énorme fragment, dans le musée de la Société des antiquaires de Normandie, à Caen.

Enfin, un autre monument reste debout : c'est un vieux mur romain, qu'en 1830 on voyait dans une cour de la place au Bois, n°. 4, mais que de nouvelles constructions, auxquelles il sert d'appui, viennent de dénaturer ; il est construit en pierre, avec des chaînes de briques qui les séparent de distance en distance. Maintenant il est renfermé dans l'intérieur d'un édifice ; et, du moins, il sera conservé, et pourra être consulté plus tard, comme un autre témoin séculaire.

Il y a peu de temps, qu'en travaillant aux fondemens de ces dernières constructions, il s'est retrouvé l'un de ces monumens d'une toute autre espèce, dont il existe tant à Bayeux, mais qui sont rarement aussi précieux, aussi beaux que celui-ci ; je veux parler d'une médaille en or, de Valentinien III, dont la rare conservation, à fleur de coin, nous donne une date certaine, et prouve que Bayeux a pu encore être occupé par les Romains, sous le règne de ce prince, vers l'an 450. En voici la description :

D. N. Pla. Valentinianus P. F. Aug. (Dominus noster Placidius Valentinianus pius felix Augustus.) Tête diadêmée à droite.

Au revers : *Victoria Augg.* (Victoria Augustorum.) L'empereur debout, tenant, dans sa main droite, une Croix ; dans sa gauche, un globe surmonté d'une Victoire, foulant aux pieds un dragon ; à l'exergue : Conob.

J'ai fait entendre que les médailles étaient communes à Bayeux. J'en viens de citer une des derniers temps de la domination romaine ; j'en pourrais citer cent autres ; j'en pourrais citer plus encore de celles du Haut Empire, depuis César, et on n'a pas oublié toutes les gauloises dont j'ai parlé plus haut. Que pourrait-on opposer à des témoins de tant d'époques différentes et d'une plus haute antiquité ?.... Il ne faut point cependant que ceci nous fasse négliger d'autres recherches ; il faut au contraire les étendre au dehors, s'il est besoin, et même essayer à nous aider de quelques conjectures pour reconstruire, le plus possible, la base de notre histoire.

Dans tout ce qui a été écrit sur Bayeux, je n'ai pas vu que l'on ait parlé de l'existence d'un temple, et de l'emplacement qu'il doit avoir occupé nécessairement dans un chef-lieu de cité, d'une importance aussi marquée. Après avoir long-temps cherché, après de nombreux rapprochemens, je me suis arrêté à l'idée qu'un temple romain fut élevé sur le lieu-même où s'élève si majestueusement aujourd'hui la cathédrale d'une autre religion romaine; et, je me fonde, à cet égard, sur les débris de différentes natures que l'on rencontre toutes les fois qu'il s'y opère les moindres excavations; j'ai vu des tronçons de colonnes, des fragmens de frise et de sculpture, d'un dessin large et de bon goût, que le hasard y avait fait découvrir; entr'autres, ce bloc en pierre de taille, dont trois faces étaient sculptées, et sur l'une desquelles était le griffon, emblême ou attribut d'Apollon. Ce qui pourrait donner à croire que le temple même dont je fais la supposition, était dédié à ce dieu qui, là, avait succédé naturellement au dieu du mont *Phaunus*, à ce *Belenus*, le *Soleil* des Gaulois.

Souvent, sur ces mêmes lieux, sur la pente du planître de la cathédrale, après de fortes pluies qui entraînait la superficie des terres, j'ai moi-même ramassé des portions de tuile, de brique et de poterie romaines, de vingt sortes différentes; mais ce qui est le mieux conservé, ce qui n'annonce pas moins une ancienne et surtout une grande destination, ce sont deux fûts de colonne, actuellement placés près d'un autel, dans le crypte de la cathédrale. On peut les apercevoir, sans y descendre, par une grille du bas côté, au sud du chœur, grille au-dessus de laquelle on lit une inscription gothique.

Ajoutons que le plateau élevé où domine cette basilique, est positivement en rapport avec le choix que savaient faire les Romains, lorsqu'ils érigeaient un monument à quelques-uns de leurs dieux, et que cet emplacement lui-même concorde parfaitement avec l'usage où ont été les premiers Chrétiens, de s'emparer des lieux, en quelque sorte consacrés par les rites religieux, pour y construire leurs églises et faire oublier l'ancien culte.

Et ce mur antique dont nous parlions il n'y a qu'un instant, et qui se trouve assez rapproché de la cathédrale, vers le midi, n'annoncerait-il pas avoir servi de mur d'enceinte aux accessoires du temple ou à l'habitation des prêtres? Je le répète, ce sont des doutes que j'émets, ce sont des suppositions; mais du moins n'ont-ils rien de contraire à une naturelle probabilité.

En général, j'ai toujours pensé que dans les

villes qui succédaient à d'autres villes, les emplacemens ayant servi à des monumens ou à des établissemens publics, avaient été employés par la suite, à des destinations à peu près semblables ; ce qui convenait d'autant plus, que les matériaux des édifices, ainsi que les terrains, étaient restés dans le domaine commun, et par conséquent disponibles.

Ces réflexions me conduisent à assigner à l'emplacement du vieux château de Bayeux, l'un de ces établissemens qui ont dû faire partie de l'administration générale de la cité ; et si le château de Bayeux fut plus tard occupé par les gouverneurs du pays, nous sommes portés à croire que, plus anciennement, un grand établissement public avait existé à la même place. Rappelons-nous aussi, et c'est un fait assez remarquable, que ce fut dans les fondations de cet ancien château, qu'on retrouva les colonnes milliaires dont j'ai parlé ; que d'autres encore y furent découvertes ; et, parmi elles, celle que possède aujourd'hui M. Lambert. Malheureusement cette dernière est tellement mutilée, qu'on n'y peut plus lire que ce qui suit :

. . MP CAES. . . . .
. . SEVERO PIO FEL.
. . AſG· P·P· PONTI. . .
. . MOPARTHICo A. .
AZABENC IMP. . .
ET MAſR. . . AN. . .

Jmperatore Cœsare	Sous l'empereur César (L. Sept.)
Severo, pio, felice,	Sévère, pieux, heureux. . .
Augusto, patre patriæ pontifici	Auguste, père de la patrie, grand pontife,
Maximo parthico, Arabico,	Vainqueur des Parthes, de l'Arabie,
Adiabenico imperatore. . .	De l'Adiabène, commandant. . .
Et Marco-Aurelio-Antonino. . .	Et Marc-Aurèle-Antonin. . .

Comme on le voit, ce reste d'inscription peut se compléter et s'interpréter au moyen des deux précédentes descriptions que j'ai données; et du moins, ici, la preuve est encore sous nos yeux, tandis que des autres inscriptions il ne nous reste que la mémoire.

De tout ce qui précède, je tire la conséquence qu'après que les colonnes milliaires eurent été renversées, sur les routes, pendant les premières invasions saxonnes, les Romains, par respect pour le nom des empereurs qu'on y lisait, les transportèrent au chef-lieu le plus voisin, et les déposèrent dans un établissement public, auprès d'une autorité quelconque. Il est à croire qu'ensuite, mais long-temps après, ces milliaires, n'ayant plus aucune importance sous un tout autre gouvernement, furent jetés, comme pierres inutiles, dans les fondemens d'un nouvel édifice.

En outre, je me fortifie d'autant plus dans la pensée que l'emplacement de l'ancien château avait été occupé par un grand établissement, sous les Romains, que tout le terrain qui forme aujourd'hui la place St.-Sauveur, est parsemé d'antiques débris de tuiles et de briques romaines, ce qui atteste de vieilles et de nombreuses destructions.

Aussi, là, peut-être, où l'on venait lire, affichés sur le *Forum*, les décrets du sénat romain, et les rescrits des magistrats de la cité; aujourd'hui beaucoup de nos concitoyens des plus éclairés et des plus attachés au bonheur de la France, viennent recueillir les nouvelles qui l'intéressent, prendre connaissance des lois qui émanent de nos nouvelles institutions, et étudier les actes du gouvernement. (1)

Au rapprochement que je viens d'oser faire, qu'il me soit permis d'en ajouter un second, sur l'établissement le plus voisin :

Il est bien prouvé qu'au bout de la rue qui porte encore le nom de *rue de la Poterie*, il a

(1) C'est sur la place St.-Sauveur que s'est établi un Salon littéraire dont l'organisation est parfaite, et où les sociétaires se réunissent pour la lecture des journaux et d'autres ouvrages périodiques.

existé, pendant la domination romaine, une fabrique de poterie et de vases de toutes qualités et de toutes les espèces. Les amas considérables, en variétés différentes, qui se sont rencontrés sur un seul point, et çà et là, dans un espace très-rapproché, n'ont laissé aucun doute. Tout le terrain que cette usine avait autrefois couvert, fut occupé plusieurs siècles après, par un couvent de Bénédictines qui, à la suite de la révolution de 89, fut vendu comme domaine national, et reprit presqu'aussitôt sa première destination en redevenant une belle et riche manufacture de porcelaine (1).

C'est ici le cas et je suis heureux de trouver l'occasion de dire, quoique ce soit étranger à mon sujet, que cette porcelaine a acquis une juste réputation, non seulement quant à sa solidité au feu, mais encore quant à ces belles plaques actuellement employées dans les plus grandes villes pour l'indication des rues, ainsi que pour le numérotage des maisons, et surtout quant à ces poulies si bien appréciées par le gouvernement pour l'usage de la marine, poulies qui sont jugées inaltérables et qui résistent à la plus grande fatigue du service des vaisseaux dans les voyages de longs cours.

(1) M. Langlois en est le propriétaire et le fondateur.

Ainsi, la ville de Bayeux a vu renaître dans son sein, avec de nouveaux avantages, une branche de commerce, source d'une richesse nouvelle, aux lieux mêmes où les anciens maîtres du monde avaient apporté les premiers besoins de la civilisation, l'amour des arts et le goût de l'industrie.

Qu'en faveur des arts, qu'en faveur de l'industrie, que dans l'intérêt de la ville même, on me pardonne cette courte digression!... Je reviens à mon sujet; et, avant de faire une excursion hors de l'enceinte des murs, je ne dirai plus que quelques mots sur une pierre sigillaire, sur un cachet d'oculiste qui, parmi une foule d'autres objets, fut aussi trouvé, en 1796, dans les démolitions du château.

Cette pierre sigillaire, dont M. Lambert est le possesseur, a fait le sujet de plusieurs savantes dissertations de la part de MM. Pluquet et Rever, et, en dernier lieu, de M. Eloi Johanneau. Afin d'en donner une idée autant exacte que possible, je retrace ici l'inscription de ses quatre faces (1). J'y ajoute, d'après l'explication de ces messieurs, un résumé analytique :

(1) L'une des faces représente la forme et la dimension de la Pierre, qui est un Schiste noir.

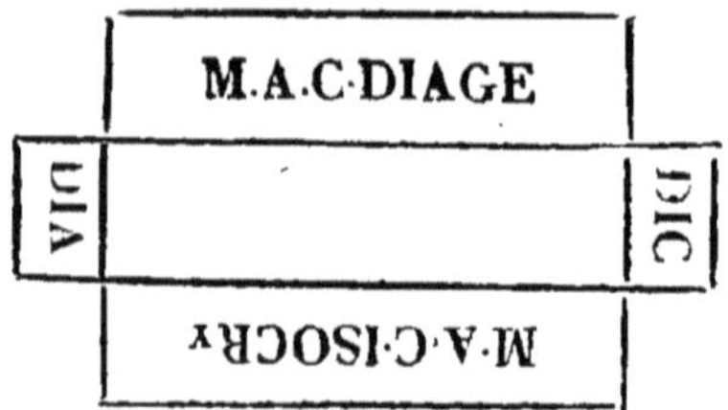

M. A. C. sont ici les initiales du nom d'un médecin oculiste très-connu, que nous croyons être le célèbre *Chariton*, dont ont parlé Celse et Gallien; et DIAGEDIC est l'abréviation de DIA GEDICVM, nom d'un Collyre alors en usage. Ainsi, on lirait sur la première inscription : *M. A. Charitonis Diagedicum;* c'est-à-dire : Collyre Diagedicum de M. A. Chariton.

La seconde inscription, celle du bas, ne différant de la première que par l'épithète donnée au Collyre pour en faire apprécier les heureux effets, et quoique n'y ayant que le commencement du mot *Dia*gedicum, nous y lirons : *M. A. Charitonis isocrysos Diagedicum*, c'est-à-dire, Collyre Diagedicum, égal à l'or, précieux comme l'or, du célèbre M. A. Chariton.

Maintenant, cherchons au dehors, et d'abord, voyons aboutir à Bayeux, ou en sortir, plusieurs restes de voies romaines : la première est celle qui venait de Lisieux par Vieux, Eterville, Marcelet, Bretteville-l'Orgueilleuse et le Manoir. Nous rencontrons, sur cette première voie, la commune d'*Eterville* (Strata),

CAMP ROMAIN D'EC

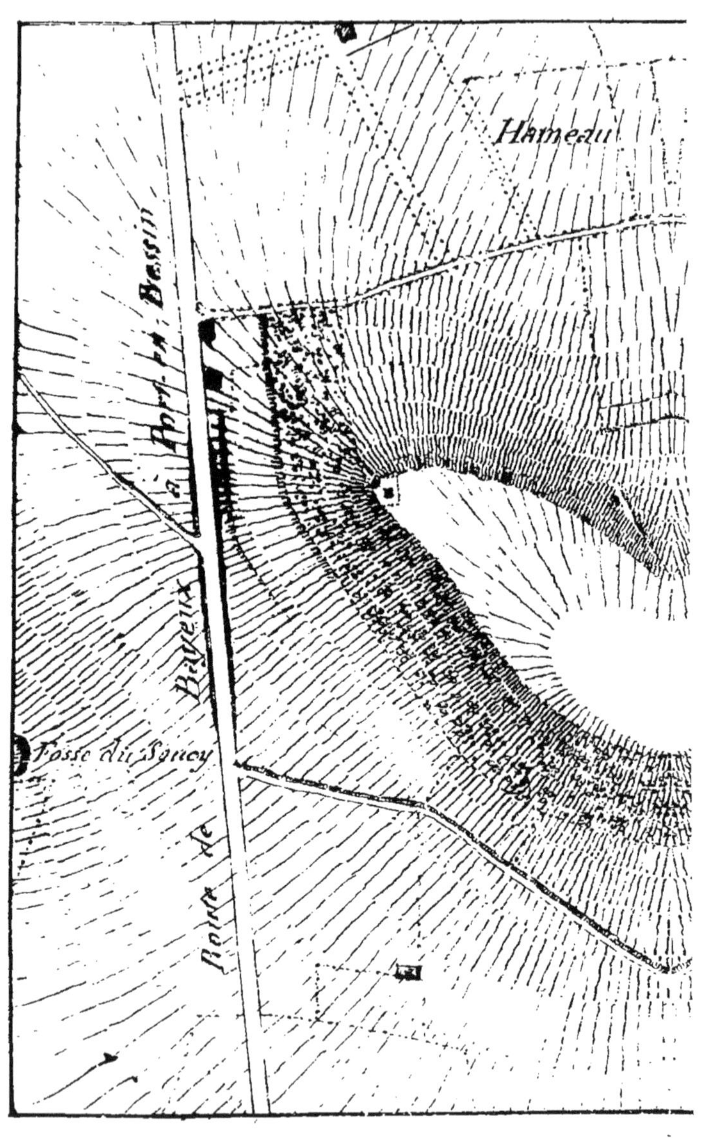

Echelle de 1 1

50 100

MES PRES BAYEUX

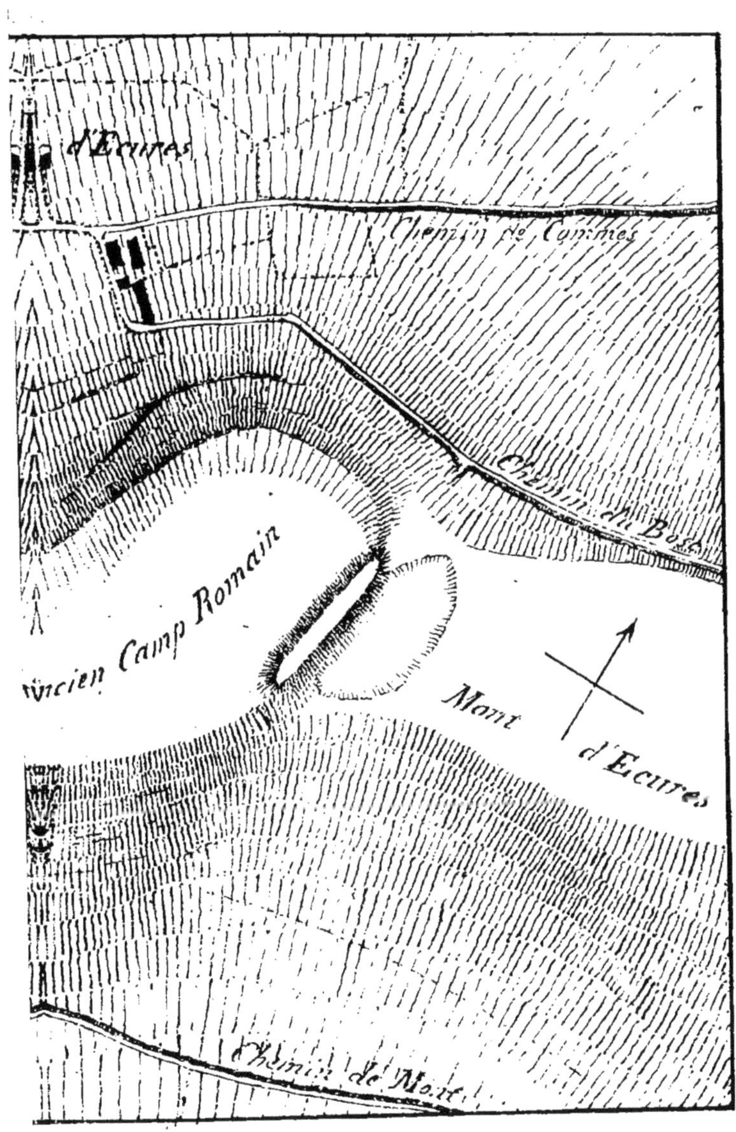

5000 Mètres

00 300 400 M.

et, plus loin, celle du Manoir (MANSIO), où il existe encore aujourd'hui, en son lieu même, une colonne milliaire qui marque positivement la distance connue entre cet ancien lieu de gîte et la ville de Bayeux. Voici l'inscription mutilée de cette colonne ; elle est en très-beaux caractères :

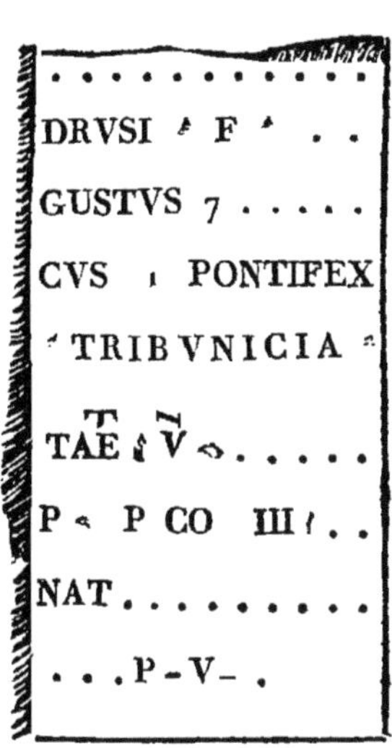

Cette inscription demande a être restaurée et interprétée de la manière suivante :

Tiberius Claudius Cœsar,	Tibère Claude César,
DRVSI Filius,	Fils de Drusus,
Au GVSTVS, germa	Auguste, vainqueur des Germains,
ni CVS PONTIFEX	Grand pontife,
Maximus, TRIBVNICIA	Dans sa 5e. puissance tribunicienne,
Potes TATE V. Imperator	Commandant les armées romaines,
Pater Patriæ Consul III.	Père de la patrie, cousul pour la 3e. fois,
Desig NATUS IIII.	Consul désigné pour la 4e.
Refecit et restituit.	A réparé et reconstruit cette route.
Ab Augustoduro, millia Passuum V.	Depuis Augustodurum, cinq mille pas.

Ici, je dois chercher à tirer parti de cette inscription pour faire remarquer que, sous les premiers empereurs, dans les temps les plus rapprochés de César, les distances étaient calculées et marquées en milles romains, tandis que 200 ans plus tard, comme nous l'avons vu sur les colonnes de Septime Sévère, les distances étaient souvent marquées en lieues gauloises. Cette remarque est essentielle; elle réfute naturellement tout système qui tendrait à insinuer que *César*, dans ses commentaires, en se servant du mille romain pour exprimer les distances, *n'a réellement employé que la mesure gauloise*, ou autrement, que *quand César dit un mille, il veut dire une lieue*. Or, les cinq mille pas marqués sur la colonne du Manoir, encore en son lieu primitif, expriment bien exactement la lieue et trois quarts environ qui existent réellement entre le Manoir et Bayeux, et non pas cinq lieues gauloises qui feraient deux lieues et demie de nos lieues actuelles.

On sait d'ailleurs que c'est à une preuve de ce genre que nos savans ont eu recours pour déterminer les distances données par César. Or, voici cette preuve ; elle est sans réplique :

« Les colonnes milliaires du Languedoc, sur » la voie romaine, qui va de Beaucaire à

» Nismes, n'ayant pas été déplacées, on a pu » mesurer avec certitude les distances de l'une » à l'autre, de sorte que la valeur du mille ro- » main, qu'on ne savait pas au juste, est fixée » par ces pierres. Ce mille est de 752 toises 4 » pieds. » (1)

Il y a plus, Cassini ayant mesuré des distances de villes qui avaient été évaluées en milles par les Romains, en a conclu le pied romain de 11 pouces et demi ; on peut juger ainsi de la précision milliaire donnée aux distances. (Encyclop. antiq.)

Qu'au surplus, cette observation ne nous écarte point de nos recherches !... Il paraît qu'au Manoir la route se dirigeait, par embranchement, sur le camp romain de Bernières, dont il ne reste à peu près que le souvenir, mais qui a existé là pour la défense des côtes, et que cette route passait par Courseulles où il y a eu nécessairement un autre lieu de gîte, à en juger par la découverte que l'on vient d'y faire, en Septembre 1831, de travaux antiques en pilotis, d'une grande quantité de débris de toute espèce, d'une foule de vases brisés, et particulièrement d'une amphore encore entière,

---

(1) Dictionnaire des Gaules, t. 1. p. 508 et 509.

recueillie par M. Gaugain entrepreneur des travaux du port qui s'y construit en ce moment.

La seconde route, partant de Bayeux, se dirigeait vers la Bretagne, passant par Sully, (1) où se voyaient naguères encore, les vestiges d'un pont antique, passant ensuite par Maisons (2) et Etréham, (3) longeant la grande route actuelle jusqu'à Cardonville, où cette voie porte encore le nom de *chemin des Romains*, et allant aboutir au Grand-Vay.

Sur cette route, autant dire, nous rencontrons un autre camp romain, situé sur le mont d'Ecures, (4) à une lieue de Bayeux; distance ordinaire où les Romains, dans les Gaules, établissaient leurs camps hors des villes, autant pour n'en pas incommoder les habitans, que pour ne pas laisser amollir le soldat par la fréquentation des citadins.

Ce camp, dont le plan a été levé en 1829, est un reste imposant, un modèle encore de castramétation. On y reconnaît les plus utiles, les plus savantes dispositions : choix du terrain; choix de position comme dominant tout le

---

(1) Dict[re]. des Gaules, t. VI. p. 1051.

(2) *Mansio*.

(3) *Strata*.

(4) *De Curiis*.

pays jusqu'à la mer, et toute la partie *sud* jusqu'à Bayeux. (1)

N'omettons pas de dire que, dans les terres du retranchement qui commande la plaine, vers l'*est* du camp, on vient de découvrir, en 1832, un anneau en bronze et le fer d'une pioche antiques, et qu'il y a quelques années on découvrit dans la commune de Commes, dont ce camp fait partie, beaucoup de cadavres, et plusieurs armures évidemment romaines, restes de quelques antiques sépultures militaires. J'ai trouvé moi-même, et recueilli, une meule de camp qui, lors du creusement des puits sur le planître de la cathédrale, pour le placement des paratonnères sur cette basilique, en 1830, fut rejetée hors de terre au milieu d'un nombre considérable de débris antiques. Il est à croire que cette meule provenait du camp d'Ecures, et qu'elle en aura été enlevée avec beaucoup d'autres effets de campement, pour être soustraits à la destruction et au pillage, lors de quelqu'invasion ennemie. J'ai laissé cette meule à Bayeux, dans la maison que j'y occupais rue de Cremel, n.° 11. (L)

(1) Chargé par le ministre de la guerre d'un travail topographique pour la carte militaire de France, ce fut mon fils aîné, comme capitaine au corps royal d'état major, qui fit le levé de ce plan.

Enfin, une troisième route venait de Coutances à Bayeux ; elle est indiquée dans les Mémoires de la Société des antiquaires, t. v, p. 246 ; mais elle n'est pas assez positivement déterminée pour que je puisse en retracer ici la direction. Il paraît que les vestiges même en ont disparu.

Un seul point essentiel resterait maintenant à déterminer ; c'est l'étendue et les limites que devait avoir la cité des *Bellocassi* ; or, d'après l'histoire comparée, d'après les cartes les plus exactes du pays, et d'après l'examen et la nature des lieux, voici la démarcation la plus certaine que nous puissions lui assigner.

Au *nord*, elle était bornée par la mer, depuis Grand-Camp jusqu'à l'embouchure de l'Orne, près d'Ouistréham ; à l'*est*, par le cours de l'Orne et de la Laize, jusqu'au pont d'Ouilly, près du *Ménil*-Hubert et du *Mesnil*-Vilment ; au *sud*, elle suivait la ligne de *Condé*-sur-Noireau, (*Condatum*), Vassy, Vire et St. Sever ; à l'*Ouest*, prenant près de St. Sever, le cours de la petite rivière qui passe entre le *Ménil*-Caussois, le *Ménil*-Benoît et le *Ménil*-Robert, jusqu'au Pont-Farcy où elle suivait le cours de la Vire, qui coule entre *Ménil*-Raoult et *Condé*-sur-Vire, (autre *Condatum*), passant enfin à

St.-Lo, (1) et au-delà, entre le *Ménil*-Durand et le *Ménil*-Rouxelin jusqu'au Grand-Vé.

On aura remarqué le grand nombre de communes du nom de Ménil, qui se trouvent sur les limites que j'ai tracées; et si, comme tous nos auteurs l'assurent, le mot *Ménil* ou *Mesnil*, vient du mot *Mansio*, *Mansionile*, on avouera qu'il serait difficile de rencontrer une démarcation mieux conservée par des dénominations toutes romaines, lesquelles nous expriment des lieux de gîte et de repos pour les voyageurs, ou des postes militaires qui, là, se trouvaient placés sur les limites de deux nations.

Ainsi, la grande cité dont nous venons de marquer les frontières, comprenait, dans son étendue, le sol actuel des villes de Bayeux, Caen, Condé, Isigny et Vire, indépendamment d'un grand nombre de bourgs et de villages très-considérables, parmi lesquels se trouve la célèbre bourgade de *Vieux*, l'antique *Arigenus* des *Viducasses*.

Enfin, de ce que j'ai pu recueillir sur l'époque romaine, nous conclurons que la ville actuelle de Bayeux couvre les ruines de la ville des Césars; que, métropole d'un grand peuple et d'une vaste cité, elle a prospéré, sous les maîtres du monde, pendant trois siècles, et jusqu'aux

(1) St.-Lo n'existait pas au temps des Romains.

premières incursions des Saxons, dans le Bessin, vers l'an 286. Alors, seulement, commencèrent les malheurs du pays, malheurs qui se continuèrent jusqu'en 497; époque où ces mêmes Saxons, devenus plus nombreux et plus forts, se soulevèrent ouvertement contre les empereurs, ravagèrent leurs terres, saccagèrent et pillèrent leurs villes, détruisirent leur autorité et reconnurent celle de Clovis. C'est à cette époque, dis-je qu'il est raisonnable de rapporter la destruction de Bayeux (1), comme c'est vers cette époque, c'est-à-dire, dans un temps postérieur assez rapproché, que l'on peut fixer sa reconstruction partielle, au milieu des débris encore fumans de ses plus beaux édifices.

Alors aussi, finit l'âge antique, et commence le moyen âge; alors aussi ma tâche est terminée. La plume descriptive doit passer aujourd'hui en d'autres mains, en des mains plus dignes, en des mains plus heureuses, puisque du sixième siècle les monumens existent, les évènemens sont recueillis, et qu'une grande partie de l'histoire est écrite. Trop heureux, quant à moi, d'avoir pu payer ma dette littéraire à un pays où j'ai reçu tant de marques d'attachement, et auquel j'ose offrir ce bien faible témoignage de ma reconnaissance.

(1) C'est l'opinion du savant et respectable abbé De la Rue, Essais historiques sur la ville de Caen

NOTES.

(A) P. 19.

ETYMOLOGIES.

On ne peut admettre comme fondée, l'opinion qui a fait venir le nom de Bayeux du mot latin *Vada*, en disant que *Badiocasses* vient de *Vadicasses*, habitans des *Vés*. (1) Ce serait faire venir la dénomination des peuples de Bayeux, d'une expression purement romaine, tandis qu'il est avéré que ces peuples avaient une existence et des établissemens avant la venue des Romains dans les Gaules. En effet, *Vadum*, en latin, veut dire un *gué*, dont on a fait, en patois ou mauvais français, le mot *Veiaige*, et par abréviation, *Vé*, dans le langage du XV.e siècle. (Dict.re de Lacombe.)

Il aurait fallu, pour éviter l'anachronisme, prendre l'expression dans la langue Gauloise; or, gué, en celtique, viendrait de *gen*, qui veut dire port, ou de *gœum*, qui veut dire terre mouillée ou marécageuse; et il serait difficile de

(1) Un auteur moderne a dit judicieusement, et Beziers a répété, sans l'affirmer, dans son Mémoire sur le Bessin, que les *Viducasses* étaient au village de *Vieux*, les *Bajocasses* à Bayeux, et les Vadicasses vers les *Vés*, près Isigny.

retrouver dans ces mots quelque rapport avec le nom de Bayeux, dût-on exprimer ce nom par *Baiocasses*, *Baiocenses*, et même *Vadicasses*.

Au surplus, ce dernier mot ressemble trop à *Viducasses*, qui exprime le peuple de *Vieux*; peuple dont César n'a point parlé, qui ne fut que secondaire, et dont l'existence ne remonte qu'à l'époque de la domination romaine; peuple qui a dû dépendre d'une métropole, et certainement de la cité des *Bellocassi*.

Ne serait-il donc pas plus naturel de chercher l'étymologie de *Bellocassi* dans la racine celtique *Bal* (soleil), dont sont venus *Bel*, *Belen*, *Belenus*, *Bellenus*; (1) et dans le vieux mot gaulois *casso*, qui veut dire *chêne*. (2) On trouverait du moins dans le *chêne du soleil*, quelque rapport avec les pratiques religieuses des Celtes, et avec les cérémonies druidiques qui paraissent avoir été exercées plus particulièrement à Bayeux.

Mais quoique ce ne soit ici qu'une idée jetée en avant, à laquelle nous ne tenons point, et qui n'est nullement nécessaire à notre démonstration, nous ferons remarquer cependant que

---

(1) Encyclopédie, au mot *Belenus*, *Bellenus*.

(2) *Casse*, *Quercus*. Dict.re de Lacombe.

le mot *Bellocassi* est tout celtique, et que nous en retrouvons la racine dans ces mots antérieurs à la conquête des Gaules par César, *Bellovèse*, général gaulois : *Bellovaci*, peuples de Beauvais : *Belgii*, peuples de la Belgique : *Belenium* ou *Belinuncia*, la jusquiane, plante dont les Gaulois frottaient leurs flèches, et que plus tard, par analogie, les Romains ont appelé apollinaris, etc. Il y aurait à faire vingt autres citations du même genre.

Quant à l'opinion isolée de l'abbé Esnault, rapportée par Beziers, que les peuples de Bayeux sont les *Curiosolitæ* de César, parce que César les a placés entre les *Unelli* et les *Lexovii*. Cette opinion n'est pas soutenable; elle est contraire à celle de tous les commentateurs et de tous les géographes; elle ne mérite pas même d'être réfutée. L'auteur s'est fondé sur ce que César, en parlant de trois peuples, a dit : les *Unelli*, les *Curiosolitæ* et les *Lexovii*; mais, ici, César n'a point fait une nomenclature successive de ces trois peuples; il les a seulement désignés comme devant recevoir une garnison romaine, parce qu'ils lui étaient suspects. Il n'a nullement voulu dans ce passage, marquer leur position.

Il nous reste une observation essentielle à

faire : César n'a nommé qu'une seule fois les *Bellocassi* ; et, comme on l'a vu, dans la citation que nous avons rapportée, il a mis le mot *Bellocassis*, parce qu'il les nommait à l'ablatif. De là, l'erreur générale pour ceux qui n'ont pas été lire, dans les Commentaires, le passage même. On a cru que *Bellocassis* était un nominatif singulier, qui faisait, au pluriel : *Bellocasses*, d'où *Vellocasses*, *Vadiocasses*, *Vadicasses*, *Badiocasses*, et enfin, *Baiocasses*.

(B) P. 20.

GLOIRE MILITAIRE DES GAULOIS.

Il ne faut pas perdre ici l'occasion de venger un peu la gloire militaire de nos ancêtres. On sait tout ce que Tite-Live a écrit pour faire valoir les Romains aux dépens des Gaulois, et que la plupart de nos écrivains français ont eux-mêmes copié Tite-Live, au lieu de le combattre avec ses propres armes, ou en s'appuyant sur les auteurs qui l'ont précédé et suivi. Je dis avec ses propres armes, parce qu'il est facile de l'opposer à lui-même. Par exemple, au milieu de ses nombreuses contradictions, en voici une qui donne la mesure de son peu de bonne foi; il dit, liv. v, chap. 49 : « Que pendant qu'on procédait, dans Rome, au poids » des deux mille livres d'or, que les Romains, » pour se racheter eux et leur ville (1), s'étaient » engagés à livrer aux Gaulois; le dictateur » Camille survînt, et qu'ayant défendu aux » Romains de donner de l'or, il força les Gaulois à se retirer. » — Plutarque et Florus ajoutent même : « que les Gaulois voulaient se » plaindre que l'on contrevenait au traité; mais » que saisis à la voix du général romain, ils se » retirèrent à la faveur de la nuit; que Camille » alors les observa, les suivit, leur livra un » combat sanglant, et remporta sur eux une » victoire tellement complète, qu'il ne resta » pas un soldat pour porter la nouvelle de leur » défaite dans leur pays. »

Et voilà que, dans le liv. vi, chap. 4, le même Tite-Live, d'après lequel les autres ont écrit, vient nous dire que : « Camille, deux » ans après la prise de Rome, ayant retiré une » somme considérable d'une vente d'esclaves » faits chez les Etrusques, pût suffire *à rembourser les dames romaines*, de la valeur des » bijoux qu'elles avaient abandonnés pour faire

(1) 392 ans avant notre ère.

» la somme d'or *qui fut remise aux Gaulois, le* » *jour où ils levèrent le siége du capitole, et sortirent de Rome.* »

Ceci, comme on le voit, n'a pas besoin de commentaires, et il est bien évident que nos Gaulois, loin d'être chassés honteusement, loin d'être défaits et de périr tous par le fer des Romains, emportèrent au contraire l'or de ces derniers, puisque *l'or leur fut remis*, et qu'il ne fallut pas moins de deux années à Camille, et la circonstance d'une vente d'esclaves pour pouvoir *rembourser les dames romaines*, des bijoux qu'elles avaient généreusement abandonnés, pour le salut de la patrie.

Liv. XXII, chap. 59. Le même Tite-Live se contredit encore en prouvant qu'en effet l'or fut livré aux Gaulois : « Les Romains, dit-il, » n'ont racheté des Gaulois, leurs personnes » et leur ville, qu'au poids de l'or qu'ils ont » été obligés de leur livrer. »

« Les Etoliens, dit Justin, Liv. XXVII, chap. » 2, reprochaient en face aux Romains, qu'ils » ne devaient jamais oublier que leurs ancêtres » n'avaient chassé les Gaulois de Rome, *qu'avec* » *de l'or et non pas avec le fer.* »

Ajoutons maintenant quelques-unes des assertions les plus frappantes de l'historien Polybe, « dont l'autorité est antérieure au temps » où les Romains commencèrent à altérer l'his- » toire, pour avoir lieu de s'attribuer des vic- » toires et des triomphes imaginaires. » Polybe, l'un des plus célèbres et des plus judicieux auteurs de la Grèce et de l'antiquité, et qui, ayant écrit 200 ans avant Tite-Live, doit inspirer plus de confiance, d'abord sous le rapport de l'impartialité, parce qu'il n'était pas romain; ensuite, sous le rapport de la connaissance des faits, puisqu'il en fut plus voisin; parce qu'enfin, pour plus d'exactitude, il se rendit exprès de Grèce à Rome, pour en écrire l'histoire. Voici donc comment s'exprime, dans quelques uns de ses passages les plus remarquables, ce Polybe si précieux à consulter pour notre histoire nationale.

» Les Gaulois, dit-il, prennent Rome d'em- » blée avec son territoire, à l'exception du » capitole; ensuite ils font paix et alliance » aux conditions même qu'ils voulûrent; (Liv. » I, p. 5), et à cette alliance, ils ne donnèrent » aucune atteinte pendant 30 ans. » (Liv. II, p. 107.)

« Les barbares qui habitaient les Alpes, sont » jaloux des conquêtes que les Gaulois avaient » faites en Italie, et leur font la guerre. » (Liv. II, p. 106.)

« Les Gaulois, *depuis leur sortie volontaire de* » *Rome*, ne sont revenus sur son territoire, » que 30 ans après. Ils se répandirent dans les » plaines et sur les hauteurs d'Albe, qu'ils ra- » vagèrent à leur gré, sans que les Romains » osassent y mettre obstacle, ni sortir de l'en- » ceinte de leurs murs. » (Liv. II, p. 106.)

Cette terreur des Romains, suite d'un souvenir de 30 années, tout en réfutant les erreurs de Tite-Live et de ses copistes, donne la mesure de la valeur et de la puissance des Gaulois.

Mais terminons par une réfutation plus positive encore de la part d'un historien assez connu, qui écrivait un siècle après Tite-Live, de la part de Suétone, ce secrétaire de l'empereur Hadrien qui, certes, savait son histoire romaine, et qui du moins ne passe pas pour l'avoir trop flattée aux dépens de la vérité, « Drusus, dit-il, rapporta de la Gaule, où il » était pro-préteur, l'or qui avait été donné aux « Sénonais, afin qu'ils levassent le siége du capi- » tole; *car cet or ne leur fut pas enlevé par Ca-* » *mille, comme on l'a donné à croire : traditur* » *etiam Druso pro prætore ex provinciâ Galliâ :* » *retulisse aurum Senonibus olim in obsidione ca-* » *pitolii datum, nec, ut fama est, extortum à* » *Camillo.* » (Sueton. in Tiberio, cap. 3.)

Voilà certainement bien un démenti formel

de la part de deux historiens célèbres, qui ont écrit, l'un avant et l'autre après ce Tite-Live, qui n'a eu en vue que de rabaisser la gloire des armes de nos pères, et qui a été trop servilement copié par nos écrivains français, et par le docte Rollin lui-même.

(C) P. 29.

Teutat, en gaulois, *Dieu le père*. Les Gaulois joignaient toujours le mot *Père* au nom de leur Dieu ; comme les Italiens disaient *Dis pater*.

Hesus, dans les langues du nord, ne signifiait que *Héros*, *Seigneur*; c'était une épithète du Dieu suprême.

Hera, ou la terre, était le principe passif, comme *Teut*, ou le ciel, était le principe actif; c'est-à-dire, que le ciel et la terre étaient le Dieu créateur de toutes choses.

Les prêtres, interprètes des oracles d'Apollon, se nommaient *Pateræ*. (Dict^res^. latins.) Les prêtres de Bélénus, chez les Gaulois, s'appelaient *Pateres*. (Hist. av^t^. Clovis, par Mézerai, p. 404.) *Patereus*, surnom d'Apollon, pris d'un temple fameux qu'il avait dans la ville de *Patare*. (Dict. de la Fable.)

Delphidius, fils de Patera, tirait son nom de

Delphus, fils d'Apollon et de Thya, prêtresse de Bacchus; c'est ce *Delphus* qui donna son nom à la ville de Delphes. (Dict. de la Fable.

(D) P. 32.

S. NICOLAS DE LA CHESNAIE.

Un rapprochement assez singulier à faire, c'est que, d'après la tradition et d'après plusieurs auteurs anciens, le prieuré de S. Nicolas de la *Chesnaie* remplaça, sur le mont *Phaunus*, ce que l'on est convenu d'appeler *l'école des Druides* ou *prêtres Gaulois*, et que, lors de l'établissement d'une *école ecclésiastique* ou *séminaire de prêtres chrétiens*, à Bayeux, cette dernière institution fut dotée des revenus de la mense priorale de S. Nicolas de la Chesnaie, avec ses dépendances.

(E) P. 36.

PHŒBITIUS.

Phœbitius fut prêtre de Belenus, dans la Bretagne, province voisine de Bayeux.

Voici le passage d'Ausone qui concerne le

professeur *Phœbitius*; nous le puisons dans l'Encyclopédie, ainsi que les réflexions qui le précèdent : (Antiquités, t. 1, p. 439.)

« Ausone, dans la dixième pièce de ses » professeurs de Bordeaux, parle encore d'un » nommé *Phœbitius*, de la race des Druides, » qui était prêtre de Belenus : »

Nec reticebo senem
Nomine Phœbitium
Qui Beleni æditǔus,
Nil opis indè tulit.
Sed tamen ut placitum,
Stirpe satus Druidum
Gentis aremoricæ
Burdigalæ Cathedram
Nati operâ obtinuit.

P. 47.

Au moment de livrer ce mémoire à l'impression, je lis dans l'annuaire du Calvados, année 1803, p. 126 : « Qu'aux portes de » Bayeux, dans les différentes fouilles faites » aux environs de St.-Vigor, où l'on montre » une grange qu'on dit avoir servi de temple » aux Druides, on a trouvé des *couteaux de* » *sacrifices* et d'autres objets curieux. »

Si j'avais eu plutôt connaissance de ce simple renseignement, j'aurais été beaucoup moins étonné de la découverte du couteau druidique dont j'ai donné la description.

(G) P. 58.

PRIORATUS DE PETRA SOLLEMNI.

Il serait assez curieux de rechercher s'il n'y aurait point un rapprochement historique à faire entre la *Petra Solemni* et le *Sennius Sollemnis*, dont l'inscription fut retrouvée à Vieux, chez les peuples *Viducasses*, qui ont dépendu de la cité métropolitaine des *Bellocassi*, ou peuples de Bayeux.

Cette inscription existe sur le monument qu'on appelle vulgairement *le Marbre de Torigny*, parce que c'est au château de Torigny qu'il fut transporté d'abord. Maintenant, c'est à l'Hôtel-de-Ville de St.-Lo, chef lieu du département de la Manche, qu'il est déposé; c'est là que M. Ed. Lambert a été l'étudier, qu'il en a dessiné la forme et qu'il a pris le *fac simile* de l'inscription, avec cette précision et cette religieuse exactitude qu'il apporte dans ses travaux archéologiques; aussi est-ce à lui que nous en devrons bientôt une véritable restauration.

Je n'anticiperai pas sur la description de

ce monument, sur la partie historique que renferme son inscription, je ne dirai qu'un mot indispensable pour fixer les idées sur le rapprochement de nom que je viens de signaler.

Le marbre de Torigny est un cippe sur trois des côtés duquel se trouve gravée une inscription romaine constatant que *Titus Sennius Sollemnis*, viducassien d'origine, fut prêtre de Mars, de Mercure et de Diane; que les trois provinces de la Gaule, en considération de ses hautes fonctions, de son grand caractère et de ses libéralités, lui ont érigé ce monument, et que le gouvernement de la cité a, de son propre mouvement, accordé un terrain spacieux pour que ce monument fût placé dans le lieu même où *Sollemnis* avait exercé son sacerdoce; ce qui fut exécuté sous le consulat d'Annius Pius et de Proculus.

Je n'ajouterai qu'une réflexion c'est que le cippe élevé à Vieux, constatait sans doute un glorieux souvenir; mais que le tombeau de *Sollemnis* pouvait fort bien avoir été érigé ailleurs, et particulièrement dans le voisinage de Bayeux, près d'un temple où peut-être il avait exercé son ministère, ou au moins près d'une école où il paraît avoir été élevé (1), et sur l'em-

(1) Beziers, p. 21.

placement même que des prêtres chrétiens, selon leur ancien usage, ont ensuite consacré sous le nom de *Prioratus de Petrâ Solemni.*

(L) P. 87.

MEULE DE CAMP.

Le jour même où je livre ce mémoire à l'impression, le 8 Février 1832, des ouvriers qui démolissaient un vieux mur de ville, rue Tardif, dans un jardin dépendant de la maison n°. 1, place Notre-Dame, trouvèrent, sous les fondations, une autre meule de camp.

Séjournant alors momentanément à Bayeux, j'allai voir cette meule qu'on venait de sortir de terre. Quoique mutilée, elle a conservé toute sa forme; et, outre l'intérêt qu'elle présente comme monument de l'antiquité, elle est encore remarquable sous le rapport minéralogique. La nature de la pierre est une *brèche* ou agglomération de galets siliceux, jetés en quelque sorte dans un bain de ciment de la plus grande dureté. Ces galets étant coupés par la taille de la pierre, offrent des ronds et des ovales bien polis ayant l'apparence de belles agathes des couleurs les plus variées.

M. Lambert, dont l'esprit conservateur est

si bien connu, s'est empressé de la racheter aux ouvriers, et de la sauver ainsi de la destruction et de l'oubli. C'est un nouveau témoin ajouté à sa collection déjà riche de monumens qui attestent l'antique illustration de la ville de Bayeux.

(K) P. 16.

A propos de Pline, et pendant l'impression de ce mémoire, je lis dans son liv. IV, ch. XVIII, traduction : que les *Vellocasses, ou Bellocasses*, sont les peuples de Bayeux, ayant soin de placer, dans la même contrée, les Viducassiens, peuples de Vieux qui en dépendaient.

(H) P. 70.

DÉNOMINATION SAXONNE DU BESSIN.

Nous avons suivi l'opinion du savant abbé De la Rue, malgré une opinion contraire, rapportée par M. Pluquet. (1) En effet, il est naturel de penser que ce sont plutôt des peuples qui

---

(1) Essai hist. sur la ville de Bayeux, p. 9.

long-temps ont habité un pays en vainqueurs, que des soldats vaincus au IXe. siècle, et relégués par lui dans le Bessin, qui y ont laissé le nom de *Possession saxonne* (*Otlingua saxonia*). Ces derniers n'en furent nullement alors les possesseurs. Il est même à remarquer que c'est à l'époque du IXe. siècle, que le Bessin se débarrassa du surnom qui lui rappelait une dénomination étrangère, et ses malheurs passés.

Une preuve d'ailleurs nous reste; c'est que, 300 ans avant Charlemagne, c'est-à-dire au VIe. siècle, Grégoire de Tours avait déjà parlé des peuples de Bayeux, sous la dénomination de *Saxones Bajocassini*.

EXTRAIT

D'une lettre de l'auteur.

« Si, en parlant de Vire, je n'ai pu en faire mention sous le rapport des antiquités romaines, qu'il me soit permis de dire un mot sur ses ruines du moyen âge, sur ce vieux château dont les débris majestueux et romantiques ornent d'une manière si pittoresque la place principale de cette ville, aussi riche par son industrie et ses nombreuses manufactures, que curieuse par ses sites charmans, ses délicieuses vallées et ses souvenirs poétiques.

J'avoue que dans ce berceau du *vaudeville*, sur ces coteaux où j'ai retrouvé l'humble demeure de l'original, du naïf Olivier Basselin, de cet ami des Muses et de Bacchus, je n'ai pu résister au désir d'essayer quelques rimes que j'ôse redire ici uniquement pour me rappeler à moi-même les impressions que j'ai éprouvées dans ce beau pays. Voici les mots que j'y ai tracés à la hâte sur l'album d'un ami : »

Vire, que j'aime à voir tes sites enchanteurs,
Et ta belle vallée où l'art et la nature
Confondant leurs trésors, variant leurs faveurs,
Nous offrent, au milieu d'une riche verdure,
Des usines, des eaux, des vergers et des fleurs!

C'est là, du dieu des vers que, saisissant la lyre,
Nos trouvères normands, rivaux des troubadours,
Aiguisaient en riant les traits de la satyre,
Et chantaient la beauté, la gloire et les amours.

J'aime encor, j'aime à voir ces restes de portiques
Où de leurs vers, de leurs chants érotiques,
Des mains de la plus belle ils recevaient le prix!

Salut à vous, vieux arceaux, murs antiques,
Du manoir de nos preux, majestueux débris!
Salut à toi, ruine vénérée,
Témoins des temps, par le temps consacrée,
Toi, fille et reine de ces monts!

Salut à vous, délicieux vallons,
Vous l'ornement de la contrée,
Vous si riches de souvenirs,
Vous qui, pour nos premiers plaisirs,
Avez donné le jour au piquant vaudeville,
Au vaudeville tout français
Dont l'esprit, les refrains et les malins couplets
Charment la cour et les champs et la ville.

Oui, tout le dit encor, vous futes son berceau!
Voilà les prés, les rochers, le coteau,
Les *monts*, les *vaux*, le bois et le ruisseau
Que Basselin chantait au pied du vieux château.

Ah! puisqu'ici le sort a voulu me conduire
Je veux, du moins, j'y veux inscrire,
Et sur le hêtre et sur l'ormeau,
Dans un modeste vers cet hommage nouveau :

Honneur et gloire aux *Vaux de Vire*!

DELALANDE.

NOTE DE L'ÉDITEUR.

Imprimé loin de l'auteur, et à de longues reprises, ce mémoire contient dans la première partie quelques petites erreurs.

Une lithographie annoncée page 47, n'a pu être exécutée par suite de la mort de l'imprimeur-lithographe, chez lequel le dessin et deux autres ont été égarés.

BAYEUX. — IMPRIMERIE DE C. GROULT.

www.ingramcontent.com/pod-product-compliance
Ingram Content Group UK Ltd.
Pitfield, Milton Keynes, MK11 3LW, UK
UKHW021109200726
13857UKWH00003B/1148

9 782013 038515